조선의 습속

장두식

단국대학교 대학원 국어국문학 박사.
단국대학교 동양학연구원 연구교수(2005~2013).
현재는 단국대학교 대학원 초빙교수 겸 헝가리 국립 ELTE 대학교 한국학과 교환교수.

김영순

일본 바이카梅花여자대학 대학원 아동문학 박사.
단국대학교 동양학연구원 연구교수.
저서 : 『한일아동문학 수용사 연구』, 『민담의 숲을 거닐다-세계 전래동화 속의 숨은 상징세계 탐험』(공역).

■ 조선의 습속

초판1쇄 발행 2014년 5월 30일

엮은이 조선총독부
옮긴이 장두식·김영순　**펴낸이** 홍기원
편집주간 박호원　**총괄** 홍종화
편집 오경희·조정화·오성현·신나래
　　정고은·김선아·이효진
관리 박정대·최기엽
펴낸곳 민속원　**출판등록** 제18-1호
주소 서울 마포구 대흥동 337-25　**전화** 02) 804-3320, 805-3320, 806-3320(代)　**팩스** 02) 802-3346
이메일 minsok1@chollian.net, minsokwon@naver.com
홈페이지 www.minsokwon.com

ISBN　978-89-285-0615-6
S E T　978-89-5638-390-3　94080

ⓒ 장두식·김영순, 2014
ⓒ 민속원, 2014, Printed in Seoul, Korea

민속원 학술문고 021

조선의 습속

조선총독부 편

장두식 · 김영순 옮김

민 속 원

● 발간사

단국대학교 동양학연구원은 한국을 중심으로 한 동아시아 전통문화를 다양한 방법으로 연구하여 왔다. 2005년부터 한국연구재단의 지원 아래 〈'개화기에서 일제강점기까지' 한국문화 전통의 지속과 변용〉이라는 주제로 중점연구소 연구 과제를 수행하고 있다. 반만년의 역사를 통해 형성된 우리의 문화전통은 개화기 이후 서양의 충격과 일제강점기라는 시련을 겪으면서 타율적인 변용 과정을 겪었다. 이 때문에 전통단절론이라는 담론까지 등장하기도 했다. 이러한 착종의 상황 속에서 우리 문화전통의 본질을 탐색하는 것은 당연한 도정이었다. 본 연구원 중점연구소 연구 과제 팀이 민속과 근대 일상문화에 천착한 이유도 우리 문화의 정체성을 탐색하고자 했기 때문이다.

조선총독부 편 『조선의 습속』 번역 또한 이러한 작업의 일환이다. 이 책은 총독부가 본격적인 조선구관조사사업을 시행하기 앞서, 우선 일본인에게 조선인의 생활 전반에 대한 개략적인 이해를 도모하기 위해 기술한 조선의 여러 풍습에 관한 '입문서'로 보인다. 즉 일제의 식민지 정책과 불가분의 관계를 가지고 있는 책이다. 그럼에도 이 책을 번역한 이유는 이 책이 일제강점기 우리 풍속문화의 변용과정을 구체적으로 살필 수 있는 자료이자 실증적인 기술 속에서 당대 풍속 문화의 모습을 재구할 수 있는 자료이기 때문이었다.

　이 번역서의 발간에 즈음해서 본 과제의 연구책임자이신 서영수 원장님과 공동연구원으로 과제를 이끌어 주고 있는 신종한 교수님, 송재용 교수님, 최인학 교수님께 감사의 말씀을 드린다.

　끝으로 한국 인문학 발전을 위해 지원을 아끼지 않는 한국연구재단 관계자 여러분과 많은 어려움 속에서 이 번역서를 출간해 준 민속원의 홍기원 회장님과 민속원 편집부 여러분께 다시 한번 감사의 말을 전한다.

2013. 8. 30.
번역자 일동

차례 | | | |

내선일체의 입문서
『조선의 습속』 해제

장두식

1. 성격

『조선의 습속』은 조선총독부가 일본인들에게 조선의 풍속을 소개하기 위해 발간한 책이다. 이 책은 100×175 크기에 총 82면의 소책자이지만 사회계급과 가족의 개념, 작명법, 가정규범, 관혼상제, 언어관습, 방문과 접객, 의식주, 오락과 취미, 세시풍속 등 조선 풍속 문화를 모두 다루고 있다.

표지는 황궁우皇穹宇를 사용하였고 속표지는 화초장의 이미지를 원색으로 사용하였다. 그리고 다음 면은 〈남녀의 용모〉라는 제명으로 조선의 중년 남녀 흑백사진, 〈조선 가옥의 조감도〉라는 제명으로 고공에서 도시를 촬영한 흑백사진, 결혼 직전 신부의 화장 장면 그림을 배치하였다.

이 책은 1925년 6월 1일 처음 발간하여 다음 해 재판을 찍었고 그 후 매년 새판을 찍었으며 1932년 10월 10일에 증정增訂 8판을, 1934년 5월 30일에는 개정 10판을 발간하였다. 이번에 번역한 텍스트는 1935년 3월 15일에 발간된 개정 11판이다. 10년 넘게 해마다 새판이 발간되었다는 것은 조선총독부가 이 책을 매우 중요하게 취급하였다는 것을 의미한다.

조선총독부가 이 책을 발간한 이유는 머리말에서 찾을 수 있다.

조선은 일본과는 일위대수一葦帶水의 땅이었으며, 본래부터 동종동근同種同根의 민족으로 유사 이전부터 교류하면서 동아시아 문화를 공유하였기 때문에 풍습이 놀랄 정도로 많은 유사점을 가지고 있습니다. 그렇게 알고 보면 한일병합도 오히려 자연스러운 감이 들어 친화의 정을 한

층 강하게 느끼면서 동시에 더욱더 이 방면에 대한 탐구에 흥미가 솟아
납니다.

일본과 조선이 지정학적으로 인접해 있고 동종동근의 민족으로
많은 교류를 통하여 유사한 풍습이 많다는 점을 강조하면서 강제
점령이 자연스러운 감이 있다는 기술을 통해 이 책의 궁극적인 목
적을 읽을 수 있다.

1919년 3·1 운동 이후 부임한 사이토 마코토 총독은 문화정치
를 표방하면서 조선의 문화와 구관을 존중하는 자세를 취했다. 그
리고 1921년 6월부터 조선의 제도와 관습, 지역 등 사회문화적 실
태를 조사하기 시작하였다. 이 조사의 최종 목적은 '일선동조日鮮同
祖'의 역사적 근거를 찾기 위해서였다. 즉 강제점령의 합리화를 위
한 기획이었다. 그러므로 이러한 조사는 학술적인 것이 아니라 다
분히 정치적인 것이었다.

또한, 1920년대에 들어서면서 한반도에서 생활하는 일본인의
수가 급격하게 증가하고 일본에서 활동하는 조선인의 수가 증가
하면서 민족 간에 문화적 충돌 문제가 대두하게 되었다.

하지만 이러한 탐구도 더 이상 학구적인 흥미로 만족하는 것 같이 안
일한 자세여서는 안 될 것입니다. 현재 조선에 거류하는 일본인이 50여
만 명으로, 조선 각지에서 활동하는 그들의 모습을 볼 수 있게 되었으며,
또한 조선인 30여만 명이 일본의 도시는 물론 벽지로까지 진출하여 학
사나 관위로, 혹은 회사나 공장에서 일본인과 더불어 연구하고 작업하며
일상생활을 통한 친밀한 교섭이 날마다 양자 간에 이루어지고 있는 상

태입니다. 때문에 일본인으로서 조선의 여하-그 민정·풍습의 여하-
를 아는 것은 이미 학자, 호사가만의 취미 문제가 아닌 실로 국민 전체
에게 필요한 실정인 셈입니다. 그렇게 보면 적어도 조선의 동포와 더불
어 문화 향상을 도모하고 행복을 향유하고자 하는 것을 평소 염두에 두
고 있는 사람들은 이러한 풍습의 단면이라도 속히 충실하게 이해해 두
어야 하는 것은 아닐까 싶습니다. 만약 이것을 가슴에 담고 조선 및 조
선 사람들을 대하게 된다면 공창공영의 행진이 얼마나 평화롭고도 원활
하게 진척되어갈 것인지 추측할 필요조차 없을 정도입니다.

조선 풍습에 대한 조사는 학술적인 의미뿐만 아니라 현실적이
고 내선일체라는 식민 정책의 최종 목적을 이루고자 하는 핵심적
인 기획이었던 것이다. 일본인들에게 조선 풍속에 대한 바로 알리
기 작업은 두 민족 간의 물리적인 결합만이 아닌 심정적인 융합까
지 꾀하려는 목적을 가지는 것이다. 일본인들의 조선 풍속에 대한
차별의식은 곧바로 조선인의 민족 감정을 촉발시키는 기제로 작
용하게 된다. 그러므로 일본인들에게 조선 풍속을 존중하고 복수
문화를 인정하는 의식을 고양시켜서 두 민족 간의 화합을 도모하
고 문화 조사사업을 통하여 동종동근의 근거를 제시함으로써 황
국신민화 정책을 완성하려는 것이다. 일본인과 조선인들의 "공창
공영의 행진이 평화롭고도 원활하게 진척되어갈 것"이라는 구절
속에서 이를 확인 할 수 있다. 그러므로 이 책은 황국신민화를 위
한 첫 단계 교과서라고 할 수 있다.

2. 구성과 내용

이 책의 가장 주목되는 점은 본문 문장이 모두 존댓말로 이루어졌다는 것이다. 이는 이 책을 읽는 독자, 즉 일본 독자들에 대한 배려이자 조선을 이해하는 일이 중요함을 강조하기 위한 수사적인 장치 그리고 대중화를 위한 의도로 이해할 수 있다.

이 책은 머리말과 본문 14장 그리고 보철로 구성되었다. 각 장의 끝에는 조선의 수수께끼를 문답식으로 알려주는 면을 배치하고 있고 14장 뒤에는 민요 아리랑 1절을 소개하고 있다. 다소 딱딱한 본문과 함께 재미있는 수수께끼를 배치한 것은 독자들의 가독성을 높이고자 하는 편집 의도로 볼 수 있다. 민요 아리랑을 소개한 것은 당대 조선인들이 즐겨 부르는 민요가 아리랑이었음 추측할 수 있다.

이 책은 소책자임에도 불구하고 조선의 사회계급에 대한 소개와 가족의 의미, 이름을 짓는 법, 가정과 남녀유별의 풍속, 언어, 방문과 접객, 관혼상제, 의식주, 신앙, 오락과 취미, 연중행사(세시풍속) 등 조선 풍속을 전반적으로 소개하고 있다. 마지막 장에는 보철로써 일본인들이 알아야 하는 조선 풍속의 미묘한 부분을 다시 한번 상세하게 설명하고 있다. 조선 풍속에 대해서 객관적으로 소개하고 있으며 풍수나 기자신앙 그리고 점쟁이나 무격들에 관한 소개도 미신으로 매도하지 않고 사실 위주로 기술하고 있다.

3장에서는 이름을 짓는 방법을 상세하게 설명하고 있는데 조선의 성은 일본과 달리 외자 성이 보편적이라는 것을 먼저 기술하고 아명은 기복적인 의미를 담는다고 설명하고 있다.

조선에서도 아이가 남자라면 '수남壽男' '복수福壽'와 같이 壽, 福, 富, 貴, 昌, 達, 德, 吉 등의 한자를, 여자라면 '귀례貴禮' '옥순玉順'과 같이 貴, 仁, 貞, 順, 禮, 德 등 지극히 경사스러운 글자를 조합하여 이름을 짓습니다. 또는 '천석千石'(가을에 천 석을 수확하는 신분을 가리키는 뜻), '삼달三達'(富, 貴, 壽)의 세 개 모두를 이룬다는 뜻이라든가, '이쁜이伊粉'(얼굴이 아름답고 묘함), '봉희鳳姬'와 같이 사물 명에 비유하여 좋은 운을 따온 것이거나 '몽룡夢龍'(용꿈을 꾸고 태어난 아이), '경득京得'(서울에 있을 때 얻은 아이), '점복點福'(몸에 복점이 있는 아이)처럼 그 이름에 따라 현상이나 사건 등을 잊지 않고 기억하는 것, '개동이介同'(개통, 더러운 것이니까 액병 귀신에 들리지 않고 무난하게 성장하라는 염원을 의미), '긴찬이'(쓸모없는 아이라는 의미)처럼 잘 키우고자 하는 마음에 오히려 좋지 않은 이름을 지어서 이로 인해 액을 물리치고자 하는 것 등이 있습니다.

위의 인용에서처럼 조선 아이의 이름은 대부분 기복이나 길운을 의미하는 한자어를 사용하는데 몽룡이나 경득이처럼 현상이나 사건에 기인하는 이름이나 개똥이나 긴찬이 같이 귀신이 질투하여 액을 당하지 않도록 일부러 천하게 짓는 이름이 있다고 자세히 분류하고 있다.

그리고 아이가 성장하면 아명을 버리고 관명을 짓게 되는데 관명을 짓는 데는 항렬법이라는 독특한 법칙이 있다는 것을 상세하게 설명하고 있다.

이상은 아명에 관한 이야기였습니다만, 중류 이상의 집에서는 혼인 전에 지금까지 땋고 있었던 머리를 묶고 그 위에 관을 쓰는 관례를 통하여 성인이 되는데 그때 아명을 버리고 관명을 부르게 됩니다. 이 '관명'은 친족의 높고 낮음, 촌수 및 형제의 서차를 명시하는 한자를 사용하여 이름을 짓습니다. 아버지가 기基(土변)라면 자식은 석錫(金변), 손자는 원源(水변), 증손자는 상相(木변), 현손자는 환煥(火변), 다음은 규圭(土변)라든가, 또 아버지가 학學(子변)이라면 아들은 병秉(丑변), 손자는 연演(寅변), 증손자는 경卿(卯변), 현손자는 진振(辰변) 식으로 오행, 천간지지 등을 포함한 한자에 의해 서열을 나타내며, 형이 삼남參男이라며 다음은 정남井男, 그 다음은 규남圭男, 혹은 큰아들이 행하行夏라면 둘째아들은 행은行殷, 셋째아들은 행주行周라고 하는 것처럼 별자리 이름 혹은 중국의 옛날 있었던 나라의 이름을 가져와 그 순서를 정하거나, 혈족의 동일 계급(촌수가 같은 자)에 해당하는 자는 반드시 동일한 문자 또는 동일자를 그 부수가 포함된 문자를 사용하여, 촌수가 같은 항렬에 있다는 것을 표시하여 이름을 짓습니다.

위의 인용처럼 관명의 성격과 작명법을 아주 자세하게 기술하고 있다. 가문에서의 위치와 촌수, 형제간의 서차에 따라 토-금-수-목-화-토로 순환하는 오행 항렬법과 자-축-인-묘-진-사와 같은 십이간지 항렬법 등과 같이 작명법의 원리와 방법을 사례를 통해서 구체적으로 소개하고 있다. 6장의 혼례와 장례, 12장 제사와 기도, 13장의 단오첩, 14장 연중행사도 구체적인 사례를 중심으로 자세하게 기술하고 있다.

이러한 기술을 통해서 총독부의 구관조사가 얼마나 치밀하게 진행되었는가를 확인할 수가 있다. 당시 조선 구관조사 사업에 참여했던 사람들은 일본인으로는 총독부 촉탁이었던 무라야마 지준

과 경성제국대학 교수 아카마쓰 지조, 아키바 다카시와 총독부 문서과에 근무하던 젠쇼 에이스케 등이었고 조선인으로는 최남선, 이능화 등이었다. 무라야마는 이러한 조사사업을 기반으로 하여 『조선의 귀신朝鮮の鬼神』(1929), 『조선의 풍수朝鮮の風水』(1931), 『조선의 무격朝鮮の巫覡』, 『조선의 점복과 예언朝鮮の占卜と豫言』(1933), 『부락제部落祭』(1937)와 같이 조선의 민간신앙과 민속에 대한 저술을 남겼다. 그런데 이러한 저술은 일본인의 측면에서 조선의 풍속을 원시적이고 저급하다는 측면이 강조되어 있었다. 총독부의 구관조사 사업의 궁극적인 목적은 앞에서 살펴본 바와 같이 내선일체의 황국신민정책 완수였기 때문이다. 아울러 『조선의 습속』은 저자명이 명기되어 있지 않다. 일본 연구자인 노무라 신이치野村伸一에 따르면 무라야마가 소장하고 있던 사진과 『조선의 습속』에 실린 사진이 일치하는 점 등을 들어, 무라야마 지준이 이 책에 깊이 관여했다고 지적하고 있다.

조선의 풍속을 상세하게 기술하고 있는 본문 속에도 일제강점을 미화하거나 합리화하는 부분들이 곳곳에 기술되고 있다. 조선의 사회계급을 소개하고 있는 1장에서 강점 이전 조선 사회는 양반·중인·상민·천민의 네 계급이 존재했으며 이들 계급은 관혼상제와 의식주 그리고 언어의 종지법까지 구분되는 차별적 체제였지만 강점 이후에는 사민평등이 되었다고 식민지 체제를 정당화하고 있다. 3장에서는 조선의 성씨 중에서 중국에서 온 기자箕子와 그의 자손들에서 기원하는 성을 상세하게 기술함으로써 조선의 사대주의에 대해 완곡하게 비판을 하고 있다. 6장에서는 조선의 조혼 풍습이 많이 사라지고 있다는 점을 지적하고, 13장에서는 조선 아이들이 일본 아이들의 놀이인 '술래잡기', '숨바꼭질', '열 발 뛰기'를 즐겨하고 있는데 학교에 다니는 조선 아이들이 리더가 되어 이를 다른 아이들에게 보급하고 있기 때문에 조선 아이들의 놀이 가지 수가 점점 많아지고 있다고 지적하는 것처럼 강점 이후 조선 사회가 발전하고 있다는 점을 강조하고 있다.

그런데 이 책은 텍스트로만 구성된 것이 아니라 많은 이미지를 활용하여 가독성을 높이고 있다. 즉 조선 풍속을 처음 접하는 일본인들에게 총 47장의 사진을 통하여 구체적인 실감을 느낄 수 있도록 기획되었다. 일본문화와 조선 문화를 비교하면서 상이한 풍속은 사진을 통하여 쉽게 이해할 수 있도록 구성되어 있는 것이다.

자료사진은 상류저택, 묘지, 지게(負擔具로 설명), 머리에 짐을 인 여인, 중류 민가의 흙담, 삿갓 쓴 상제(喪中인), 아이를 업은 소녀, 혼례 행렬, 혼례식, 장례 행렬, 흡연도구를 놓고 앉아 있는 중년여성, 30면에는 부녀자가 앉아 있는 풍경, 객간客間(사랑채), 남자의 의복(저고리, 바지, 두루마기), 부녀자의 복장, 신발(짚신, 가죽신, 나막신, 고무신), 강변의 빨래 풍경, 다듬이질, 장독대와 부엌, 밥상, 농가, 온돌 연통, 내방內房(안방), 석전제釋奠祭, 제웅(액년의 사람이 정월 14일 밤 이 인형의 복부에 돈을 넣은 후 인형에게 자기의 액을 실어 대신 없애려고 했다는 설명), 출산한 집의 금줄, 맹인 점쟁이의 기도, 무당의 기도처, 기자석불祈子石佛, 기자암祈子岩(흰 점들은 돌로 갈아 만들어진 흔적이라는 설명), 널뛰기, 장기, 풍년춤, 시장의 음식점, 입춘 대련, 아악기, 기생의 춤(궁궐 앞마당), 세배, 부럼 깨기, 답교, 대로변의 점쟁이, 관등 풍경, 그네뛰기, 약수 마시기, 묘의 손질(벌초), 김장, 복조리 팔기이다.

이러한 자료 사진은 일본인 독자들에게 낯선 조선의 풍속을 소개하는 본문의 내용을 이해하는 데 도움을 주고 있다. 그런데 사실에 충실한 사진들 속에는 총독부의 기획의도가 담겨 있는 사진도 있다. 영인본 61면에 게재된 기생들의 군무 사진의 배경은 경복궁 근정전 앞으로 보이는 조선 왕궁 안이다. 이 사진이 게재된 본문의 내용은 조선의 노래인 춘향가, 수심가, 서도잡가, 남도단가, 무녀가 및 아리랑이라고 하는 민요와 악기에 대한 소개였다. 다른 사진들은 대부분 본문 내용과 일치하는 것들이었다. 이 책에 실린 여성 사진들은 개화기부터 일제 강점기 내내 대상화시켰던 조선 여성 이미지가 아니라 본문 내용과 어울리는 자료 이미지들이었다. 영인본 34면의 한복을 입고 서 있는 젊은 여자의 사진도 여성 복식을 소개하는 본문 내용의 자료 이상으로 느껴지지 않는다. 33면의 남자 의복은 인물이 등장하지 않고 저고리, 고의, 두루마기를 찍은 사진이고 35면 신발도 인물 없이 짚신, 가죽신, 나막신, 고무신을 찍은 사진이다. 이렇듯 자료로 만족했던 사진이 61면에 오면 기생이라는 존재와 망한 조선왕조의 궁궐이라는 배경 공간을 통하여 사실의 전달보다는 타자화된 조선 문화를 읽을 수가 있다.

3. 소결

이상에서 살펴본 바와 같이 이 소책자는 일본인들에게 조선을 알리기 위한 안내서다. 하지만 단순한 안내서가 아니라, 3·1운동의 영향에 따른 인식의 변화로 1920년대부터 시작된 조선총독부의 조선구관 조사의 본격적인 조사에 앞서 조선 습속 전반에 대한 개설적인 내용을 일본인에게 소개하고자 기획된 것이다.

조선총독부에서 간행된 간행물은 1923년부터 1941년 사이에 총 47집이 간행되었다. 『조선의 습속』은 일련번호가 붙은 조사자료집은 아니지만, 조선총독부 편찬 간행물 중에서도 초창기 간행물이기도 하여 조선에 대해서 알고, 이를 일본인들에게 널리 알리고자 하는 의욕이 묻어있는 책자이다.

이 책은 광범위하고 치밀하게 진행된 종래의 조선 조사를 통해 정리된 내용을 대중적인 글쓰기로 재정리하고 수수께끼 문답과 사진 자료를 결합시켜 재미와 지식을 동시에 얻을 수 있게 편집되어 있다. 특히 일본인들에게 조선 풍속을 쉽게 이해할 수 있게 기획된 것이다. 이러한 기획의 궁극적인 목표는 내선일체의 황국신민화였다.

하지만 이러한 의도와 왜곡된 부분이 있음에도 이 책은 당대의 풍속을 객관적으로 기술하고 있음에 주목하게 된다. 특히 오락과 취미와 연중행사(세시풍속)와 같은 장은 일제강점기 우리 풍속의 변용 과정을 살필 수 있는 자료라고 할 수 있다. 수록된 사진들 또한 당대 풍속을 이해할 수 있는 구체적인 자료이다.

조선의 습속

1. 시작하면서

풍속 습관은 어느 정도 민족성을 반영한다고 볼 수 있습니다. 그 민족성이 타고난 본성에 더해 수백 수천 년 동안 과학·문예·종교 등의 요소나 정치·경제·교육 내지는 자연력 등의 영향이 서로 맞물려 있는 이상은 아무리 시시한 하나의 풍속일지라도 이와 같은 요소들의 역사적 모습을 담고 있지 않은 것은 없습니다. 그렇기 때문에 그 방면의 학자들은 옛 기와의 모양에도, 민요의 선율에도 열심히 연구의 눈과 귀를 기울였던 것입니다.

조선은 일본[1]과는 일위대수一葦帶水[2]의 땅이었으며, 본래부터 동종동근同種同根의 민족으로 유사 이전부터 교류하면서 동아시아 문화를 공유하였기 때문에 풍습이 놀랄 정도로 많은 유사점을 가지고 있습니다. 그렇게 알고 보면 한일병합도 오히려 자연스러운 감이 들어 친화의 정을 한층 강하게 느끼면서 동시에 더욱더 이 방면에 대한 탐구에 흥미가 솟아납니다.

하지만 이러한 탐구도 이제는 학구적인 흥미로 만족하는 안일한 자세여서는 안 될 것입니다. 현재 조선에 거류하는 일본인은 50여만 명으로 조선 각지에서 활동하는 그들의 모습을 볼 수 있게 되었으며, 또한 조선인 30여만 명이 일본의 도시는 물론 벽지로까지 진출하여 학사나 관위로, 혹은 회사나 공장에서 일본인과 더불어 연구하고 작업하며 일상생활을 통한 친밀한 교섭이 날마다 양자 간

---

1) 원문에는 일본을 가리켜 내지, 일본인을 가리켜 내지인이란 용어를 쓰고 있지만 여기서는 일본, 일본인으로 표기한다.
2) 좁은 강이나 해협을 사이로 두고 인접해 있는 것을 가리킴. 一衣帶水라고도 씀.

에 이루어지고 있는 상태입니다. 때문에 일본인으로서 조선의 여하-그 민정·풍습의 여하-를 아는 것은 이미 학자, 호사가만의 취미 문제가 아닌 실로 국민 전체에게 필요한 실정인 셈입니다. 그렇게 보면 적어도 조선의 동포와 더불어 문화향상을 도모하고 행복을 향유하고자 하는 것을 평소 염두에 두고 있는 사람들은 이러한 풍습의 단편이라도 속히 충실하게 이해해 두어야 하는 것은 아닐까 싶습니다. 만약 이것을 가슴에 담고 조선 및 조선 사람들을 대하게 된다면 얼마나 공창공영의 행진이 평화롭고도 원활하게 진척되어갈 것인지 추측할 필요조차 없을 정도입니다.

본서는 이리하여 조선을 알고자 하는 일본 사람들에게 그 참고 자료로서 편찬된 것입니다. 하지만 조선의 습속이라고 하여도 상세하게 연구하려고 하자면 너무도 다양하므로 이 소책자에서는 단지 그 요지를 뽑아 기록하는 정도로 그쳤습니다. 더군다나 한마디로 조선이라고 말씀드려도 사방 1만 4천방리, 일본의 혼슈本州지역 크기의 넓이이기 때문에, 북쪽의 경계와 남쪽 끝, 동쪽 부분과 서쪽 지역, 도읍과 촌락은 각각 다소의 상이점을 지니고 있는 것은 피할 수 없습니다. 따라서 본서는 주로 경성을 중심으로 기술하였다는 점을 밝혀둡니다.

2. 사회 계급 -네 개의 계급-

조선의 사회 계급은 1910년 한일병합 전까지 양반·중인·상민·천민의 네 계급으로 이루어져 있었습니다. 양반이란 문무의

상류저택

고위관리, 또는 학덕 높은 학자를 배출한 순수한 혈통의 일족으로서 이름 있는 문벌가 및 관리가 될 자격이나 그 밖의 특권을 가지고 있었습니다. 중인은 특정한 관직을 역임했던 일족으로 가문이나 교육이 상민보다는 조금 높은 계급입니다. 상민은 농·공·상을 업으로 하는 계급이며, 또 천민은 상민 집단에도 들어갈 수 없는 최하층으로 백정·노비·광대·승려와 같은 부류가 있습니다. 또한, 동일 계급 속에서도 직업에 따라 높낮이가 있었고, 연령이 많고 적음에 따라서도 차별이 있었습니다. 그리고 각 계급에 따라 관혼상제는 말할 것도 없고 의복, 주거 혹은 언어의 종지법에 이르기까지 까다롭게 구분 짓는 엄격한 체제가 있었습니다. 가령 천민이 사는 집은 기와지붕을 올릴 수 없었으며, 상민은 문이 달린 집을 짓거나 섬돌에 계단을 만들어서는 안 되었고, 양반은 출입구의 정문을 그 양측 건물보다도 훨씬 높게 지을 수 있었으며, 의복에서도 양반은 담청색의 옷감을 사용할 수 있지만, 상민 이하는 색깔 있는 겉옷을 입어서는 안 된다는 식입니다. 이와 같은 계급 제도는 병합과 동시에 완전히 철폐되어 이른바 사민평등으로 점차 이풍개속移風改俗의 사실을 보게 되었지만, 그렇다고는 해도 오랫동안 각인된 풍습이기 때문에 근본적으로는 아직 벗어나지 못하고 있습니다. 특히 지방에 가면 재래의 묵은 풍습이 여전히 남아 있는 곳이 적지 않습니다.

그리고 계급 중 양반이 최상위에 위치하며 또한 가장 권세가 있었기 때문에 그 권세의 흔적으로 '양반'이라는 말은 지금도 부자나 훌륭한 사람이라는 의미 등으로 사용되고, 또 '분(오카타)' 정도의 경칭으로 사용되고 있습니다. 따라서 이 호칭은 누구에게나 사용되며 가령 화가 난 사람에게 '어이 양반 그렇게 화내지 말게나'라는 말을 건네 화를 풀고 웃게 만드는 효과가 있습니다.

수수께끼	
산에 바가지를 엎어놓은 것은?	묘지
이산 저산의 소나무를 다 먹어치우는 검정 소는?	온돌

묘지

3. 일가의 의미 –조상숭배, 동족의 단결–

조선에서 일가라는 말은 일본의 친류[3]라는 말에 해당합니다
만, 내용은 친류보다는 훨씬 넓은 의미를 지닙니다. 조선에서는
같은 혈통을 가진 사람 즉 동일한 조상에게서 나온 사람은 어디
까지나 한가족이라는 관념을 가지고 이것을 일가로 칭합니다. 따
라서 일가란 즉 일족을 뜻하며 일본의 일가 즉 일 가정과는 상
당히 다른 의미를 띠며, 또한 친척이라는 범위보다도 상당히 넓

---

3) 親類. 가족을 제외한 혈족과 친척의 총칭.

습니다. 따라서 자손이 백대 후가 되면 소위 일가는 수십만 명을 헤아릴 정도에 이르며 실제로 지금도 이러한 사례를 여러 곳에서 찾아볼 수 있습니다. 일가에는 '족보'라는 계보도가 있으며 10년이나 20년이 되면 가필, 삭제, 정정이 행해져 일가 가문의 각 집안에 소중히 보관됩니다. 종가는 일족에서 존경의 중심이 되어 가계의 지속과 제사를 끊지 않기 위해서 논밭 등의 기본재산이 설정되어 있습니다. 이것을 종전宗田 - 종중宗中 재산, 문중재산 등으로 칭하고, '종회' - 문화회門會라는 친족회의 승인을 거치지 않으면 종가라 해도 자유롭게 이것을 처분할 수 없도록 정해져 있습니다. 일반적으로 선조를 공경하는 것이 중요해 자신의 선조는 십대 내지 십대 이전 조상일지라도 모두 정확하게 그 이름을 기억하고 있습니다. 따라서 조상에 대한 제사는 매우 중요합니다. 제사에는 사제라고 해서 사당에서 지내는 것과 묘제라고 해서 묘지에서 지내는 것이 있습니다. 또한, 묏자리는 매우 중요하게 여겨 만약 묏자리가 좋지 않으면 자손이 영달할 수 없다며, 명당이라면 아무리 멀고 깊은 산 속일지라도 사력을 다해 조성합니다. 조선에서 만약 민둥산이나 황야 속에 울창한 녹림을 발견하면 그것은 반드시 어떤 일가의 묘지가 있는 곳입니다.

일족 중에 입신출세한 사람이 있으면 일족 모두의 명예로 여기고 이를 경축하고 자랑으로 여깁니다만, 그와 더불어 출세한 자는 일족을 도와주어야 하는 의무를 감당해야 합니다. 그때 전혀 모르는 사람도 단지 일족이라는 이유로 관계에 의지하여 비호를 받으려고 합니다. 쌍방 모두 그것을 당연한 일로 여기고 있기 때문에, 만약 어떤 연유로 의지하러 온 사람을 전혀 도와

주지 않으려는 사람이 있다면 그 사람은 몰인정한 자로 찍혀 가문 일족들의 지탄을 받게 됩니다. 이런 식으로 동족 간의 상호부조相互扶助라는 것이 구석구석까지 두루 미쳐 있습니다. 또한, 단순히 동족 간뿐만 아니라 인척 간에서도 그러한 풍습이 잘 행해지고 있는 것은 감탄할 만합니다.

일가 즉 동족 간에는 아무리 먼 친척 간일지라도 '동성동본불혼'이라 해서 결코 혼인하지 않습니다. 이것은 혈통의 순결을 지키기 위한 것으로 유교에 기반을 둔 것입니다. 그렇기 때문에 만약 이를 어기고 동족 간에 금기를 깨는 행위가 있었을 경우에는 도덕적으로 화를 일으키는 죄악으로 치부합니다. 이를 보통의 간통 이상으로 천하게 여기고 타 일가 사람마저 이를 비난할 뿐만 아니라 결국에는 타향으로 추방하는 제재를 가하기도 합니다. 동성을 기피하는 것은 단순히 결혼이라고 하는 것뿐만이 아니라 기생藝妓 등을 불렀을 때에도 그 기생이 우연히 자신과 같은 본관인 것을 알면 곧바로 배척하는 일조차 있습니다.

┌─ 수수께끼 ─────────────────────────┐

사방에 끈이 달려있는 것은?　　　　　　　　보자기

등에 뿔이 나 있는 것은 ?　　　　　　　　　지게

└──────────────────────────────────┘

지게

4. 성과 이름 짓는 법
-단성, 성장을 축복하는 아명과 항렬법-

기모노나 양복을 입고 일본어를 말하는 조선인은 얼핏 보면 그 용모나 풍채가 조금도 일본인과 다르지 않습니다. 이처럼 말이나 복장이 같아지면 전혀 구분이 안 될 정도가 되니 심정이 있는 사람이라면 역시 조선인만큼 가까운 이도 없다고 생각할 것이며, 형제가 된 것도 자연스러운 것이었다고 느낄 것입니다. 그렇지만 이렇게 유사한데도 이를 벗어나는 것이 있습니다. 그것은 조선인의 성명입니다.

일본인의 성명은 '도요토미 히데요시豊臣秀吉'라든가 '사이고 기치노스케西鄕吉之助'와 같이 그 성이 두 자 이상, 이름도 두 자 이상이 보통인데, 조선인은 '김옥균金玉均'이라든가, '박대성朴大城'과 같이 대개 성이 한 자, 이름이 두 자로 정해져 있습니다. '남궁南宮', '선우鮮于', '사공司空', '제갈諸葛' 등의 복수 성도 없는 것은 아닙니다만, 그것은 극히 소수로 옛날부터 이를 희귀성이라 하고, 대부분은 '김', '이', '박', '최' 등처럼 외자 성입니다. 그리고 이름도 외자를 쓰는 것도 있습니다만, 대부분은 두 글자 이름이기 때문에 조선인의 성명은 한 글자 성 두 글자 이름으로 보아도 지장이 없습니다.

이 성명 형식의 유래는 조선인의 성명을 볼 때 중국인의 그것과 전혀 식별되지 않을 정도로 비슷하다는 점에서 알 수 있습니다. 이는 그 옛날 조선이 중국 문화의 영향을 강하게 받고 있을 때 중국 성명법을 그대로 따른 것입니다.

성의 종류는 현재 전부 2백 50종에 지나지 않습니다만, 가장 많은 것은 김, 이, 박, 최, 정, 조, 강 등이고 그 수가 많은 것을 '대성大姓'이라고 합니다.

그리고 그 기원에 관해서는 선조가 황금 궤에서 태어났다고 해서 김 씨, 까치와 인연이 있어서 석 씨, 박과 같은 알에서 태어났다고 해서 박 씨(瓠를 朴이라고 함)와 같은 식으로 기이하게 생겨난 것, 중국의 기준箕準[4]이 옮겨와 한韓 지역에서 살았기 때문에 그 자손은 한 씨로 명명합니다. 기자箕子의 둘째 아들이 조선의 우于라고 하는 지역에 거처하였기 때문에 그 자손은 선우鮮于를 성으로

---

4) 기자 조선의 마지막 왕으로 연나라에서 내려 온 위만(衛滿)에게 나라를 빼앗기고, 한반도 남쪽으로 쫓겨 가서 마한의 시조가 되었다고 함.

머리에 짐을 인 여인

한 것과 같이 지명에서 생겨난 것, 또는 기능技能이나 전투에서 세운 공 등에 의해 왕으로부터 새롭게 하사받은 이른바 사성賜姓이 있습니다. 혈족혼을 기피하는 연유로 성을 고친 '개성改姓', 세력 있는 씨족의 성을 도용한 '도성盜姓', 귀화한 자가 조선의 대성을 모방한 '모성冒姓', 거기에 유명한 중국인의 후손인 '후윤성後胤姓' 등이 있습니다.

같은 조선인들이 만나 인사를 나눌 때에는 각자 성명을 입에 올리는데, 그 서두에 '저는 전주全州 이 씨입니다.'라든가 '저는 전의全義 이 씨입니다.' 식으로 반드시 성에 지명을 붙여서 말합니다. 이 지명은 본관 또는 간략하게 '본'이라고 해서 시조의 거주지를 가리키며, 같은 이 씨라도 시조가 다르다는 것을 이것으로 식별합니다. 본관이 같은 동성은 동성동본이라고 칭하고, 같은 시조로부터 생겨났기 때문에 서로 혈연관계가 돼 상호부조의 의무가 있으며 서로의 혼인을 금합니다. 동성불혼일지라도 그것은 동성동본자 간의 일로 동성일지라도 본이 다르면 시조가 달라 혈연관계가 아니므로 결혼해도 상관없는 셈입니다. 미리 말해두자면 조선에서는 결혼해도 성이 바뀌지 않습니다. 즉 김 씨 집안의 딸이 이 씨 집안으로 시집을 와도 그 며느리의 성은 이 씨가 되지 않고 친정 성을 그대로 사용하여 김 씨로 불립니다. 이것은 혈연관계를 중시하기 때문일 것입니다.

'이름'은 그 사람 자체를 나타낸다고 칭해지는 것처럼 이름이 그 사람의 운명을 결정한다고 여겨지고 있기 때문에 아이를 가진 부모가 그 아이 이름을 지을 때 좋지 않은 악명흉명을 피해 좋은 양명길명을 골라 아이의 장래 행복을 바라는 것은 동양이건 서양이건 다르지 않은 인간의 마음입니다. 조선에서도 아이가 남자라면 '수남壽男', '복수福壽'와 같이 수壽, 복福, 부富, 귀貴, 창昌, 달達, 덕德, 길吉 등의 한자를, 여자라면 '귀례貴禮', '옥순玉順'과 같이 귀貴, 인仁, 정貞, 순順, 예禮, 덕德 등 지극히 경사스러운 글자를 조합하여 이름을 짓습니다. 또는 '천석千石'(가을에 천 석을 수확하는 신분을 가리키는 뜻), '삼달三達'(富, 貴, 壽의 세 개 모두를 이룬다는 뜻)이라든가, '이쁜이伊粉'(얼굴이 아름답고 묘함), '봉희鳳姬'와 같이 사물 명에 비유하여 좋은 운을 따온 것이거나 '몽룡夢龍'(용꿈을 꾸고 태어난 아이), '경득京得'(서울에 있을 때 얻은 아이), '점복點福'(몸에 복점이 있는 아이)처럼 그 이름에 따라 현상이나 사건 등을 잊지 않고 기억하는 것, '개동介同이'(개똥, 더러운 것이니까 액병 귀신에 들리지 않고 무난하게 성장하라는 염원을 의미), '긴찬이'

(쓸모없는 아이라는 의미)처럼 소중하게 키우고자 하는 마음에 오히려 좋지 않은 이름을 지어서 이로 인해 액을 물리치고자 하는 것 등이 있습니다.

이상은 아명에 관한 이야기였습니다만, 중류 이상의 집에서는 혼인 전에 지금까지 땋고 있었던 머리를 묶고 그 위에 관을 쓰는 관례를 통하여 성인이 되는데 그때 아명을 버리고 관명을 부르게 됩니다. 이 '관명'은 친족의 높고 낮음, 촌수 및 형제의 서차를 명시하는 한자를 사용하여 짓습니다. 아버지가 기基(土변)라면 자식은 석錫(金변), 손자는 원源(水변), 증손자는 상相(木변), 현손자는 환煥(火변), 다음은 규圭(土변)라든가 또 아버지가 학學(子변)이라면 아들은 병秉(丑변), 손자는 연演(寅변), 증손자는 경卿(卯변), 현손자는 진振(辰변)식으로 오행, 천간지지 등을 포함한 한자로 그 서열을 나타내며, 형이 삼남參男이라며 다음은 정남井男, 그 다음은 규남圭男, 혹은 큰아들이 행하行夏라면 둘째아들은 행은行殷, 셋째아들은 행주行周라고 하는 것처럼 별자리 이름 혹은 중국의 나라 이름을 가져와 그 순서를 정하거나, 혈족의 동일 계급(촌수가 같은 자)에 해당하는 자는 반드시 동일한 문자 또는 동일자를 그 부수가 포함된 문자를 사용하여, 촌수가 같은 항렬에 있다는 것을 표시하여 이름을 짓습니다.

이 관명을 붙이는 방법은 '항렬법'이라고 해서 조선 중엽 무렵부터 널리 보급된 것 같습니다. 이는 대가족제 아래에 여러 부부, 여러 대의 자손이 동거했기 때문에 서열과 촌수 관계를 명확하게 할 필요성과 동족 부조의 의무나 동족 복상의 예의를 엄중하게 준수하기 위해서였을 것입니다. 지금은 호적법이 시행되고 있기 때문에 아명, 관명의 구별이 없어져 출생 시 신고한 이름이 곧 그 사람의 평생 이름이 됩니다. 하지만 좋은 한자를 선정하여 이름 짓는 것이나, 항렬법을 써서 이름 짓는 것은 이전과 다르지 않습니다.

수수께끼

아래에서 밀어 올리면 혀를 내미는 것은?　　　　대패

하늘을 향해 주먹을 들이미는 것은?　　　　절굿공이

---

5. 가정 ―부모의 권력, 자식의 효양孝養―

조선에서는 조부모, 증조부모부터 손자, 증손자에 이르기까지 다수의 가족이 호주를 중심으로 동일 가옥 내에 살고 있습니다. 따라서 여러 조합의 부부가 함께 동거 생활을 영위하고 있는 셈이 됩니다. 이것은 조선에는 은거제도隱居制度가 없었던 것과 옛날부터 조혼 풍습이 성했던 이유에서 연유한 것입니다. 가정에서는 최고 연장자인 아버지가 절대 권력을 가지며, 가족들은 무조건 복종을 하게 되어 있습니다.

조선에서는 유교의 감화가 철저하게 자리 잡고 있는 결과 '효'의 덕이 최우선으로 중요하게 여겨졌습니다. 부모를 존경하고 효도와 봉양을 다 하여 그 마음을 살피도록 애쓰고, 무릇 자식된 도리로써 주야 효양에 마음을 써 부모의 명령에는 절대 복종합니다. 만에 하나라도 거역해서는 안 된다는 것이 어릴 때부터 깊고 강하게 뇌리에 박혀있기 때문에 부모를 대하는 태도는 평소

중류 민가의 흙담

때나 그렇지 않을 때나 지극 정성을 다합니다. 가령 혼정신성昏
定晨省의 예라 해서 아침저녁 반드시 공손하게 문안 인사를 하고,
또한 부모가 출입 시에는 배웅하거나 모셔오는 예를 거르지 않
습니다. 자식은 여행을 떠나거나 관리가 될 경우에는 우선 부모
의 허락을 받아야 하고 외출 시에는 행선지를 밝히고, 돌아오면
반드시 이를 알립니다. 부모의 명령에 말대꾸하거나 반항하는
일이 없는 것은 물론이고 부모의 행위에 결코 옳고 그름을 따지
지 않습니다. 따라서 양친을 험담하는 이 또한 찾아볼 수 없습
니다.

　밥상을 앞에 두고 부모보다 먼저 젓가락을 들지 않습니다. 부
모가 식사를 마칠 때까지는 지켜보며 서 있거나 앉아서 기다리는

등 예의범절에서 벗어나는 법이 없습니다. 또 부모 앞에서는 절대 담배를 피우거나 술을 마시지 않습니다. 언젠가 조선인 부자가 나란히 친하게 지내는 일본인을 방문하였습니다. 집주인은 귀한 손님이었기 때문에 담배, 술 등을 꺼내 환대했습니다. 그러나 아무리 강권해도 아드님 쪽은 마시지도 먹지도 않고 참으로 난처한 얼굴을 하고 있었다는 말을 들었는데, 이는 못 마셔서도 아니고 또한 집주인에게 예의상 거절한 것도 아닙니다. 실은 자신의 부친 앞을 꺼린 것입니다.

아들의 아내로 맞이한 며느리는 정성을 다해 부모의 효양에 노력하기 때문에 아들의 아내라기보다는 오히려 시부모를 모시기 위해 시집온 것과 같습니다. 따라서 여행이나 그 밖의 이유

삿갓 쓴 상제

로 잠시 집을 비울 때에도 양친을 남겨두고 부부가 같이 외출하는 일은 좀처럼 없고 언제나 며느리는 집에 남아 부모의 시중을 드는 것이 예의입니다. 만약 불행히도 부모가 병에 걸리게 되면 불철주야 곁을 떠나지 않고 온 정성을 다해 간호하는 것은 물론이고 위독한 상황에 처했을 경우에는 본인의 손가락을 잘라 선혈을 마시게 한다든지, 한겨울에도 얼음을 깨 잉어를 잡아 고아드린다든가 하는 중국의 24효孝[5] 그대로의 사례가 오늘날에도 적지 않게 남아있습니다. 부모가 돌아가시면 상을 치르는데 상중에는 자신을 죄인이라고 부르며 사람들과 만나는 것을 피하고 외출 시에는 포선布扇이나 방립方笠이라고 하는 삿갓을 써 얼굴을 감추는 풍습도 여전히 남아 있습니다.

수수께끼

강은 강인데 물고기가 없는 강은?   요강

쌍룡 싸움에 구름이 날리고 별이 떨어지는 것은?   조면기[6]

---

6. 남녀유별 – 내외제, 가정의 여자 –

조선에서는 '남녀유별'이 엄격하게 지켜지고 있습니다. 따라서

---

5) 중국의 유명한 효자 24명의 일화에서 나온 말로, 원나라 때 곽거경(郭居敬)이 당시 민간에 전해지던 효자 24명의 이야기 24편을 수집하여 『24효』로 편찬하였음.
6) 繰綿機, 면화의 씨를 빼고 솜을 트는 기계.

아이를 업은 소녀

부부 사이일지라도 하층 계급이 아니면 집안에서도 내외의 구별
을 두고 남자는 바깥쪽으로, 여자는 안쪽으로 각각 방을 따로 합
니다. 여자가 주거하는 쪽은 내방이라고 칭하는데 바깥쪽과는 담
등으로 구분 지어져 있어 바깥에서 직접 들여다볼 수 없게 되어
있습니다. 만약 내방에 부인의 손님이 있을 때는 집안 남자일지
라도 접근하지 않도록 주의를 합니다. 또한, 친족 사이일지라도
지극히 가까운 사이 이외에는 내방에서 부르지 않는 한 결코 안
에 들어갈 수 없습니다. 일반적으로 부인은 잘 모르는 남자에게
얼굴을 보이는 것도 치욕으로 생각할 정도이기 때문에 아무리 집
주인과 사이가 좋더라도 이렇다 할 말을 주고받는 일도 없을뿐더
러 간혹 피치 못할 경우에는 참으로 민폐를 끼친다는 듯이 불편

한 태도로 지극히 냉정하게 응대합니다. 어느 일본인이 하루는 친교가 있는 조선인 댁에 방문하였습니다. 하지만 공교롭게도 바깥주인은 부재중이어서 그 안주인에게 용건을 직접 전하고자 내방 쪽으로 말을 건넸다가 결국 그 친구와 교제가 끊긴 사례도 있습니다.

여자는 12, 13세가 되면 바깥으로 모습을 드러내서는 안 됩니다. 또한, 부모의 감시가 엄중하여 가령 하층 계급일지라도 딸이 혼자서 바깥을 나돌아다니는 일은 없습니다. 그렇기 때문에 처녀의 정조가 굳게 지켜지고 있는 것입니다. 또 한편으로는 처녀를 범한 남자는 심한 배척을 받게 될 뿐만 아니라, 그 여성을 받아들이지 않으면 안 되는 제재도 가해집니다. 그러한 이유로 부인은 그다지 외출하는 일도 없이 대부분을 집 안에 칩거하고 있는 것입니다. 물론 조선의 가정에서는 하루 세끼 식사는 반드시 그때마다 데워서 먹게 되어있기 때문에 찬 음식은 결코 먹지 않습니다. 게다가 쉽게 더러워지는 흰 의복은 한 땀씩 꿰매야 하는 번거로운 작업이기 때문에 집안에서 이러한 식사 준비, 빨래, 바느질로 종일 바쁘게 치여 살다 보니 실제로도 도무지 바깥으로 나갈 수가 없었습니다. 이전에는 부인이 외출할 경우나 친척이나 지인을 방문할 때에는 중류 이상이면 도착지 내방까지 가마를 타고 가기 때문에 전혀 모습을 볼 수 없었습니다. 그렇지 않으면 장의長衣로 얼굴을 감싸고 눈만 내놓고 왕래했습니다. 하지만 이러한 풍습도 근래 묘령의 여자가 학교에 다니기 시작하고 나서부터는 점점 쇠퇴하고, 예전의 가정 칩거도 적어져 오늘날에는 장의를 한 부인은 드물게 볼 수 있는 정도입니다. 하지만 아직도 남자에 대한 태도

만은 이전과 전혀 바뀌지 않았습니다. 그것은 남자에게 곧바로 싹싹하게 말을 거는 행동거지는 지금도 여전히 창부의 행동 같다고 생각하는 관념이 지배적이어서 이것을 천시하고 있기 때문입니다. 그렇기 때문에 자신의 남편을 대할 때조차도 무뚝뚝한 태도를 취하는 여성도 있습니다.

> **수수께끼**
>
> 쇠 솥단지, 대나무 온돌, 쇠 연기를 내는 것은?　　　　연통
>
> 치면 칠수록 살아나는 것은?　　　　팽이

7. 혼례와 장례 - 연상의 아내, 지붕 위에서 혼 부르기 -

혼례는 관혼상제 사례四禮 중 가장 중요하게 여겨지고 있습니다. 월하빙인[7]이 남자 집안과 여자 집안 사이를 왕래하며 혼담이 성사되어 가면 남자 집안에서는 신랑의 생년월일시를 적은 '사주'라는 것을 여자 집안에 보내고, 여자 집안에서는 그것을 신부의 '사주'와 맞추어 길흉의 상을 봐서 상성운성[8]이 맞으면 혼례 날짜

---

7) 月下氷人, 월하노(月下老)와 빙상인(氷上人)의 고사에서 유래. 『태평광기(太平廣記)』「정혼점(定婚店)」에서 당나라의 위고가 만난 달빛 아래서 독서하고 있는 노인의 설화와 『진서(晉書)』「예술전(藝術傳)」에서 진나라 때 영고책이 얼음 위에서, 얼음 밑에 있는 사람과 대화를 나눈 꿈을 꾸었는데 색담이라는 점쟁이가 중매를 서게 될 꿈이라고 해몽하고 그 꿈대로 되었다는 설화에서 비롯되었는데 중매쟁이를 일컬음.

8) 相性運星, 사주 궁합이 잘 맞음.

혼례 행렬

를 잡아 이것을 남자 쪽 집안에 보고합니다. 남자 집안에서도 그
날의 길흉을 맞추어보고 혼인 전날에 '납채'⁹⁾를 주고받습니다. 이
납채는 다시 말하면 혼인 신청과 이에 대한 승낙 증서와 같은 것
으로 이로써 혼약이 성립되는 것입니다. 그렇기 때문에 이것을 주
고받고 난 후에 파약할 수 없는 것은 물론 예식을 거행하기 전에
한쪽이 사망했을 경우라도 상을 치르고 여자는 과부 취급을 받게
됩니다.

의식은 우선 신랑 쪽에서 말이나 가마를 타고 여자 집으로 가
서 지참해 온 기러기(보통은 목각으로 만듦)를 앞에 두고 신부 양친과

---

9) 納采, 납폐(納幣)라고도 함. 혼인 할 때 정혼이 이루어진 증거로 신랑 집에서 신부 집으
로 보내는 예물.

혼례식

친척 앞에서 신부와 끝까지 해로할 것을 다짐합니다. 이를 '전안'[10]이라고 합니다. 이것이 끝나면 신랑은 일단 자기 집으로 돌아갑니다. 그러면 이번에는 신부 쪽에서 남자 집안으로 가마를 타고 가 신랑 부모에게 술을 따르고 사당에서 선조의 위패에 공손하게 절을 올리고 친정으로 돌아옵니다. 그러고 나서 신랑은 다시 여자 집으로 가서 그날 밤은 신부와 같이 잠자리에 듭니다. 그렇게 3일을 여자 집안에서 보낸 신랑은 신부를 동반하여 집으로 돌아가게 됩니다.

종래의 결혼은 완전히 양가 부모가 정해 당사자의 의견은 조금

10) 奠雁, 혼례 때, 신랑이 기러기를 가지고 신부 집에 가서 기러기를 상 위에 놓고 절하는 절차. 살아 있는 기러기를 쓰는 경우도 있으나 일반적으로 나무로 만든 것을 씀.

도 반영되지 않는 것이 관습이었습니다. 부모의 명령에 의해 정해졌기 때문에 이를 따르는 것이 당연하게 여겨졌던 것입니다. 따라서 부부가 되고 나서 마음에 들지 않은 사람과 함께 살게 된 것을 알게 되어도 불효의 비난이 두려워 참고 인내할 수밖에 없었습니다.

결혼이 부모들 사이에서 결정되는 것도 종래 조혼 풍습이 있는 조선에서는 피치 못할 일인지도 모르겠습니다. 근래에는 점점 조혼이 줄어들고 있습니다만, 그런데도 보통학교(소학교와 동등) 학생 중에 처자가 있는 이가 현재에도 여전히 적지 않은 모양입니다. 하지만 조혼이라고 해도 그것은 남자가 많지 여자 쪽은 적습니다. 그것은 여자가 시집가는 연령이 대체로 17, 18세부터로, 그 이하는 적지만 남자 쪽은 13, 14세 내지 11, 12세에 신랑이 되는 경우가 많습니다. 아내는 적령기이지만, 남편은 아직 한창 놀 나이인 아동인 이유로 때로는 남편 살인이라는 끔찍한 사건이 발생하는 일도 있습니다.

결혼 전에 남자는 관례, 여자는 계례[11]를 올립니다. 이것은 여태껏 길게 땋아 늘였던 머리를 틀어 올려 남자는 그 위에 관을 쓰고, 여자는 틀어 올린 머리에 비녀를 꽂는 의식으로, 이 의식을 끝내야 양쪽 다 번듯한 성인 남녀가 되는 것입니다. 즉 그 유래는 성년을 나타내기 위한 성년식이었지만 근래에는 결혼식의 전행의식으로 치러지고 있는 듯합니다.

장례도 또한 중요한 의례인데 특히 부모의 장례의식을 정성껏

---

11) 筓禮, 혼례 때 여자가 땋은 머리를 쪽을 찌어 올리고 비녀를 꽂는 의례.

모시지 않으면 효자로 인정받지 못하는 관념이 있기 때문에 만사를 제쳐두고 성대하게 의식을 치릅니다.

약이나 침과 기도도 아무런 효과 없이 죽음을 맞을 시기가 되면 맑은 물 또는 중탕을 숟가락으로 떠넘기고, 이윽고 숨을 거두면 사자의 손발을 정돈하고 그 방에 고양이가 들어가지 않도록 단속합니다. 사후 5, 6시간이 경과하고 나서 '초혼'[12]이라는 것을 합니다. 그것은 망자가 평소 입고 있던 옷을 가지고 지붕 위 또는 담벼락 위와 같은 높은 곳으로 올라가 '아무아무씨가 몇 날 몇 시에 별세하다'라고 그 옷을 휘둘러 내리치면서 세 번 외칩니다. 그러고 나서 이 옷을 시신 위로 걸쳐놓습니다만, 이것은 망자임을 알리는 것과 함께 시신의 영혼을 불러들이는 의식이라고 합니다. 초혼이 끝나면 일곱 개의 밥공기에 밥을 가득 담아 그 앞에 딱 한 켤레의 짚신을 둡니다. 이것은 저승에서 망자의 영혼을 인수하러 온 저승사자를 접대하는 의미로 이 밥을 '사잣밥'이라고 합니다. 이어서 '소렴'[13]이라고 하여 시신의 손발이나 얼굴을 향수로 닦고, 일곱 개의 '무궁주'[14]를 입 속에 넣어 남자는 '액모'[15]라는 백지를 이마에 붙이고, 여자는 하얀 분가루로 화장을 시킨 후 옷은 겹쳐 입히고, 손에는 장갑을, 발에는 검정 짚신을 신겨 '칠성판'이라고 하는 판자 위에 눕힙니다.

---

12) 招魂, 고복(皐復)이라고도 함. 사람이 죽었을 때에, 망자의 혼을 부르는 의례. 지붕 위나 마당에 서서 망자가 입었던 저고리를 왼손에 들고 오른손은 허리에 대고 북쪽을 향하여 '아무 동네 아무개 복(復)'이라고 세 번 외침.

13) 小斂, 사망 후 쑥이나 향나무 삶은 물로 시신을 씻긴 뒤 수의를 갈아입히는 습(襲)과 시신을 베나 이불로 싸는 염(殮) 등의 절차.

14) 無窮珠, 염할 때 망자의 입 속에 넣는 까만색의 작은 구슬.

15) 額帽, 소렴 시 남자 망자의 얼굴을 덮는 흰 종이.

장례 행렬

상주와 친척들은 '성복'[16]이라는 상복으로 갈아입고 나서 '대
렴'[17] 의식을 올립니다. 이것은 시신에 '수의'라 해서 새로 만든
저고리를 입히고, 그 위로 열두 곳을 삼베로 묶고 장방형의 침관寢
棺에 입관하는 것입니다.

이리하여 3일, 5일, 7일 식으로 사망하고 나서 기수일 날에 출
관[18]하는데 그때까지는 매일 아침, 저녁에 '상식上食'이라고 해서
망자가 생전에 즐겨먹던 음식을 곁들이고 상주와 친척은 '곡'을 합

---

16) 成服, 상을 당한 뒤 초종(初終)·습(襲)·소렴(小斂)·대렴(大斂) 등을 마친 뒤 상복으
로 갈아입는 절차.
17) 大斂, 시신을 입관하는 절차.
18) 出棺, 출상하기 위하여 관을 집 밖으로 모시는 절차. 본문에서의 '출관'은 한국의 전통
상례와 거리가 있음.

니다. 이 곡은 망자에 대한 애도의 뜻을 나타냅니다. 그리고 출관이 되면 술·과일을 곁들이고 향을 피워 곡을 합니다. 이를 '전'[19]이라고 말합니다. 이윽고 관이 나오는 장례 행렬에 여자는 자신의 남편 이외에는 뒤따라가지 않게 되어있기 때문에 관에 매달려 슬피웁니다. 상여는 '여정輿丁'이라고 불리는 인부들이 짊어지고 그 전후로 상주, 친척, 지인들이 늘어서고 그 뒤로 '방상사方相師',[20] '곡비'[21] 등이 따릅니다. 그리고 명정銘旌과 그 밖의 장례 도구를 진열하고 장례 행렬을 정돈하여, 장송 도중에 여정과 곡비 등은 방울 소리에 맞추어 애도의 곡성을 내는데 출관할 때의 탄식도 이 애곡哀哭도 모두 망자에 대한 예를 갖추는 의식입니다.

미리 선정해둔 묘지에 도착하면 영결식을 올리고 매장합니다. 조선에서는 대부분 토장으로 지내며 화장은 극히 드뭅니다. 매관이 끝나면, 신주(위패)를 가지고 돌아와 이것을 집 사당에 모십니다. 이 신주는 밤나무로 만든 것으로 소상(1년기), 대상(3년기) 동안의 묘제 이후 이를 사당에 모시고, 5대째가 되면 이를 묘지에 묻어버립니다.

상복은 가족, 친척이 친소 관계에 따라 3년 내지 3개월을 입는데 그 옷에도 삼베, 목면 등과 옷감의 품질, 바느질법 등 꽤 복잡한 구별이 있습니다.

---

19) 奠, 성복제(成服祭) 이전까지 망자를 살아 있을 때와 같이 모신다는 의미로써 음식을 차려 올리는 상례 절차.
20) 악귀를 쫓는 사람. 상여 앞에 세우는 방상씨(方相氏)가 와전된 듯 함. 방상씨는 옛날 궁중의 나례 의식에서 눈이 네 개 달린 가면과 곰의 가죽을 쓰고 창과 방패를 들고서 악귀를 쫓던 사람이었는데 후에 상여 앞에 세워 악귀를 물리치는 방상씨탈로 변모하였다.
21) 哭婢, 장례 때에 곡을 하는 여자.

입이 있어도 말을 못 하는 자는?　　　　　　　　　손아랫사람

둘이서 백발노인을 휙 내던지는 것은?　두 손가락으로 코풀기手洟

8. 언어와 응대 –자타 및 남녀 간 말의 차별, 연장자 존중–

조선에서는 타인에 대해서 윗사람을 부를 때에는 반드시 경어를 쓰게 되어있습니다만, 반대로 아랫사람에 대해서는 모두 반말을 씁니다. 가령 타인의 아이일지라도 '도련님', '애기씨'라는 경어를 쓰지 않습니다. 가정 내에서 부부는 대등한 말로 응수하고 결코 남편이 아내에 대해 명령적인 어투를 쓰는 경우는 없습니다. 일반적으로 남자는 여자에 대해서 상대가 다소 아랫사람일지언정 정중한 말을 쓰는 습관이 들여져 있습니다. 예를 들어 아내의 오빠에 대해서는 대등한 말투를 사용하지만, 남동생의 처에 대해서는 경어를 써서 대한다고 하는 것과 같은 상황입니다. 이와 반대로 여성은 자기 남동생의 아내라든지 그 아내의 남동생에 대해 대등한 어투를 씁니다. 모두 자기보다 손윗사람, 또는 연령이 높은 사람에 대해서는 각각 경어를 쓰는 것입니다. 하지만 최근에는 남녀 학생 간에서는 신분이 높고 낮음에 따라 쓰는 말투의 차별을 폐지하고 서로에게 상응하는 정중한 말투로 대화를 나누게 되었습니다. 또 자기 부모의 지인 등에 대해서는 마치 자신의 양친을 대하는 것과 같은 태도로 정중한 말투를 씁니다.

대체로 연장자 및 노인에 대해서는 가령 상대의 신분이 비천할

지언정 상당한 경의를 표합니다. 자신의 나이보다 두 배 이상인 사람에 대해서는 마치 아버지를 대하듯 그를 '존장尊長'이라고 부르고 자신을 '대생待生'이라고 겸손하여 칭합니다. 또 자기보다 열 살 이상의 사람에 대해서는 '노형'이라고 존칭하고, 본인은 '소제'라고 칭합니다. 손윗사람 앞에서는 안경도 착용하지 않을뿐더러, 음주, 금연 또한 꺼리는 경향이 있습니다. 하지만 근래에는 그러한 장유유서의 미풍도 다소 느슨해지고 있는 추세입니다.

나이 많은 사람을 존경하는 것과는 반대로 어린 이를 몹시 업신여기는 경향이 있습니다. 특히 미혼 남녀는 연령의 높고 낮음을 불문하고 어엿한 성인으로서 대우하지 않는 것이 일례이기 때문에 그 집의 하인마저도 주인의 미혼 자녀에 대해서는 반말을 쓰거나 명령조의 말을 사용합니다.

수수께끼

족제비가 숯을 입에 물고 닥나무밭을 왕래하는 것은? 습자習字

머리는 대나무숲, 몸은 삼밭, 다리는 논 속에 있는 것은? 망자亡人

---

9. 방문과 접객 –장유 순서를 둔 응접 모습–

손님이 자기보다 신분, 연배가 모두 위일 경우에는 방문 밖까지 나와서 마중하고, 한층 더 윗사람일 경우에는 대문 앞까지 나와서 경의를 표합니다. 손님에 대해서는 담배를 꺼내 대접합니다만, 차를 내놓지는 않습니다. 혹 손님과 친분이 있거나, 귀빈일 경우에는 술을 대접합니다만, 이 술은 일본의 차와 과자처럼 지극히 가볍게 갖춰집니다. 친숙한 사이면서 동일한 신분, 연배일 경우라면 식사 시간에는 밥을 대접합니다. 밥과 국은 따로따로이지만 한 상에서 반찬은 주인이건 손님이건 모두 함께 하는 것을 대접으로 칩니다. 술은 하나의 잔에 스스로 따라서 헌주합니다. 밥은 집주인이 먼저 젓가락을 들고, 손님이 식사를 마칠 때까지는 젓가락을 놓지 않습니다.

첫 대면을 하는 사람과 인사를 나눌 때는 성명, 주소를 말하고, 연령, 직업, 살림살이 등에 대한 문답을 합니다. 만약 같은 성일 경우에는 그 본관 즉 조상의 출신지 등을 서로 알립니다. 이 문답을 통해 상하 관계를 알 수 있기 때문에 서로에 대한 태도라든지 어투 등이 달라집니다.

남의 집을 방문할 경우에는 아주 친한 사람, 혹은 평소 출입하고 있는 사람 외에는 우선 방문하는 집 입구에서 하인을 불러 집주인이 있나 없나를 확인하고 방문한 목적을 말합니다. 만약 하인을 두지 않은 듯한 집이라면, 마치 하인이 있는 듯한 말투를 써 집주인에게 경의를 표하기도 합니다. 특히 집주인이 부재하여 피치 못해 안주인과 말을 주고받을 경우에는 손님 '아무개가 왔다고 주인에게 말씀 전해주시길', 안주인 '남편은 출타 중이라 지금 안 계시다고 말하길' 식으로 서로 직접 이야기를 나누면서도 꼭 하인을 통하는 듯한 말투를 씁니다.

드디어 방으로 들어가서부터는 만약 자신이 집주인과 동등하거나 그 이상의 신분이거나 연배이면 집주인과 마주하고 앉지만, 동

흡연 도구   앉는 자세

등 이하이면 집주인을 향해 한층 아래쪽 좌우에 비스듬히 착석합니다. 만약 더욱더 집주인과의 신분이 현격히 차이가 날 경우라든가, 혹은 연배 차이가 많이 나 착석을 권유받지 않았을 경우에는 선 채로 있습니다. 착석 방법은 특히 경의를 표하는 경우에는 단정히 정좌합니다만, 그 외에는 대다수가 책상다리 자세로 앉고, 여성이라면 무릎을 세우고 앉습니다. 부모의 친구라든가 또는 동년의 사람 앞에서는 아래 좌석에 앉거나 그렇지 않으면 그 앞에 기립하고 있습니다. 이것은 조선의 '장유유서' 미풍의 결과입니다. 한 공간 안에서는 일본처럼 주객이 서로 마주 앉아 착석하는 경우는 없고, 한 방에 타인이 있는 경우에는 집주인이나 지인 등이 소개하지 않으면 인사는 물론이고, 예의를 표하지도 않습니다.

사랑채

또 방문한 집에서 음식 대접을 받아도 평소 출입하던 집이라든가 그렇지 않더라도 보통의 경우라면 굳이 예의를 표하는 듯한 말은 하지 않습니다. 이상과 같은 풍습 등은 일본과는 상당한 차이가 있거나 정반대인 경우도 있기 때문에 서로 새겨둘 필요가 있겠습니다.

수수께끼

출입구 없는 한 칸 집에 황 씨 백 씨가 동거하는 것은?　　　계란

아침에는 발이 넷, 낮에는 발이 둘, 밤에는 세 발로 걷는 것은?　사람

---

10. 복장―좋아하는 천 색깔은 단색, 관복과 부속품―

조선의 재래복은 상의와 하의로 이루어져 있습니다. 상의는 겹옷袷이나 솜 든 것을 **저고리**襦衣라고 말하고, 홑옷을 **적삼**赤衫이라고 말합니다. 모두 통소매로 길이는 허리까지가 보통이지만 부녀자용은 약간 짧아, 왼쪽 옷깃과 가슴 쪽으로 길고 폭넓은 끈이 붙어 있어 오른쪽 가슴 옆으로 묶어 그 나머지를 길게 내려뜨립니다. 하의는 겹옷이나 솜을 넣은 옷을 **바지**袴라고 말하고, 홑옷을 **고의**袴衣라고 말합니다. 이것은 마치 일본의 잠방이와 유사한데, 아주 넉넉하게 지어졌기 때문에 위는 허리끈으로 묶고, 바지 끝자락의 경우 부인용은 가늘게 통으로 되어있어서 그대로이지만, 남자 바지는 넉넉하게 지어 그것을 발목에 감아 **보선**襪이라고 하는 발이 깊숙이 들어가는 버선 위에서 끈으로 단단하게 묶습니다.

두루마기周衣는 저고리 위에 입는 겉옷입니다. 형태는 통소매 장의와 비슷하지만, 겨드랑이 품이 아주 넓어 아래쪽으로 이를수록 넓어지고, 길이는 정강이까지입니다. 이 옷에도 단단한 끈이 달려 있어 오른쪽 가슴 옆으로 묶어 늘어뜨리는 점은 저고리와 같습니다. 두루마기는 일본 옷의 '하오리'에 상응하는 옷으로 남자의 일반화된 통상예복으로 외출할 때는 반드시 이 옷을 착용하도록 되어 있습니다. 이전에는 예복 제도가 있었습니다만 오늘날에는 완전히 쇠퇴하여 상중에 상복으로 입는 정도만 남아있을 뿐입니다.

의복의 옷감은 무명·인견·삼베·비단 등으로 옷감의 색은 하의는 대부분 흰 천을 쓰지만, 상의와 두루마기에는 잿빛, 차색, 물색 등을 쓰는 것도 적지 않습니다. 조선 사람이 스스로 '백의민족'

남자의 의복 저고리, 바지, 두루마기

이라고 부르는 것처럼 일반적으로 흰옷을 중시한 듯합니다. 때가 잘 타는 비경제적인 흰옷을 사용하고 있는 것에는 여러 가지 이유가 있습니다만, 오늘날에 와서는 완전히 조선인의 일반적인 취향이 되고 있습니다. 하지만 요즘은 색옷 장려에 따라 색깔 있는 의복을 꽤 많이 입게 되었습니다.

여자는 하의 속에 보통 2겹 내지 3겹의 얇은 중동바지를 입습니다. 그것은 모두 흰 옷감에 홑겹입니다. 그리고 속옷의 위로는 **치마**裳를 입습니다. 치마에는 두 겹도 있고 홑겹도 있어 색옷을 사용합니다만, 흰 옷감도 적지 않습니다. 또 치마에는 천의 매듭에 많은 주름이 있어서, 아래가 활짝 펼쳐져 있기 때문에 형태에 변화의 미를 주기도 하고, 때로는 옷자락을 여며 날씬한 자태를 보

부녀자의 복장

여줄 수도 있습니다. 상의는 남자 옷과 거의 다르지 않습니다. 옷
감의 질 또한 마찬가지입니다만, 소맷부리를 약간 둥글게 오므려,
옷깃 또는 매듭이나 소맷부리에 빨강·쪽빛 등으로 색을 달리하
여 붙입니다. 춘하추동 대부분 흰 옷감을 사용하지만, 색이 있는
옷감의 경우는 무척 화사하며 일반적으로 농후한 색을 좋아합니
다. 두루마기는 남자 복장이었습니다만, 근년에 경성 그 밖의 도
회지에서는 여자도 겨울철에 한해 착용하게 되었습니다.

여자가 외출할 때에는 이전에는 **장옷長衣**이라 칭하는 겉옷으로
얼굴을 감추는 것이 풍습이었습니다만, 요즘 도회지 등에서는 거

신발

의 쇠퇴하였습니다. 하지만 지방에서는 여전히 그 풍습이 남아있는 곳도 있어, 때로는 치마를 장옷으로 대용하는 이도 있습니다.

관례를 올린 남자는 머리를 묶고 그 위에 **갓笠**이라고 칭하는 관을 올립니다. 하지만 근래에는 단발하는 이가 증가하고 있기 때문에 도회지에서는 관보다도 중절모가 많이 눈에 띕니다. 단 지방으로 가면 그러한 차림을 한 어른들을 만날 수 있을 것입니다. 미혼여자는 땋아 내린 머리카락 말미에 빨간 천을 묶어 늘어뜨리지만, 결혼하면 머리카락을 뒤로 묶어 빨간 댕기를 감아 금은 등의 비녀를 꽂습니다. 일반적으로는 머리에는 아무것도 쓰지 않고 연장자만 겨울철 방한용 모자를 씁니다.

신발로는 '신'이라고 칭하는 것이 있습니다. 일종의 낮은 구두

강변 빨래 풍경

로 밑바닥은 가죽, 테두리는 홍록으로 무늬를 댄 천으로 만들어, 뒤창에 징을 박은 것입니다. 지방 마을에서는 대부분 짚 또는 모시로 만든 '짚신'을 신습니다. 근래에 고무로 만든 신이 도처에서 사용되게 되었습니다. 비가 올 때는 나무로 만든 배 모양의 '나막신' 또는 가죽으로 만든 구두를 신습니다. 나막신은 자연목을 도려내어 바닥에 두 겹의 굽을 남겨둔 몹시 소박하면서도 튼실한 모양을 하고 있습니다.

복장의 부속품으로는 **토수**吐手, **줌어니**囊 등이 있습니다. 토수는 토시 종류로 여러 겹으로 누비한 것, 솜을 넣은 것, 털가죽제 등이 있으며, 겨울에는 방한용으로도 쓰이지만, 여름용으로 등나무 또는 말 털로 짠 것으로 소맷부리에 땀이 스며드는 것을 막는 것입

다듬이질

니다. 주머니는 염낭으로 안에 금전, 성냥, 작은 칼 등을 넣고, 혁갑이라고 하는 것은 종이 재질로 연초를 넣습니다. 모두 허리에 차는 습관이 있고, 이외에 안경주머니 등도 찹니다. 여자는 대개 반지를 끼고 있지만, 두꺼운 반원형 쌍가락지처럼 재래의 것을 쓰는 경향도 적지 않습니다.

목욕은 좀처럼 하지 않는 데다 흰 의복을 상용하기 때문에 의복은 수시로 빨지 않으면 안 됩니다. 빨래할 때는 의류를 하나하나 풀어 두드려서 때를 빼고, 말린 것에 풀을 발라 다듬이질을 하여 광택을 내 다시 바느질하기 때문에 아주 손이 많이 갑니다.

11. 음식―반찬으로써의 김치, 조미료로써의 고추―

조선은 예로부터 쌀이 많이 수확되기 때문에 일상의 주식은 쌀밥이지만, 팥밥, 보리밥, 조밥 등도 많이 먹습니다. 반찬으로는 고기류·생선류 및 야채류 등을 조리하며, 맛을 내는 것은 된장·간장 외에 필수적으로 고추를 흔히 사용합니다. 시골 초가지붕 위로 빨갛게 건조해 놓은 고추를 자주 보게 되는데, 이것이 모두 조미료로 쓰이는 것입니다. 조선 음식에서 외국인의 미각에 가장 깊은 인상을 남기는 것은 이 고추의 매운맛과 김치라는 절인 음식의 맛있는 맛일 것입니다. 조리법은 찌개, 조림 두 종류가 있고, 기름에 튀겨낸 것도 먹습니다. 하지만 식초가 든 음식은 일반적으로 즐겨 먹지 않습니다.

김치는 조선 절인 음식의 첫 번째로 반찬 중 또한 가장 중요한 것입니다. 따라서 어떤 형편의 집일지라도 두세 항아리 정도는 담그며, 맛있는 김치를 손님에게 맛보게 하는 것을 집안의 긍지로 여길 정도입니다. 재료는 배추 또는 무로 여기에 소금·고추·파·마늘·미나리·생강·잣·밤·배·다시마·조기 젓갈·명태·굴 등을 넣어 커다란 항아리에 담아 뚜껑을 덮어 겨울에는 땅속에 묻어 어는 것을 막는다고 하는 그야말로 온갖 정성을 들입니

장독대와 부엌

다. 이렇게 공을 들인 만큼 잘 담근 김치는 산해진미와 속속들이 잘 조화되어 그 풍미와 색상이 진정 조선 음식 중에서 왕좌를 차지할 만하다 할 것입니다.

주류는 재래의 것으로 화주·약주·탁주가 있지만, 근래 연회석 등에서는 정종·양주 등을 사용하게 되었습니다. 차는 일반적으로 즐겨 마시지 않습니다. 따라서 손님을 대접할 때에는 차 대신에 반드시 담배를 권합니다. 담배는 남녀 모두 즐겨 피우는 풍습이 있습니다. 담뱃대는 대나무 길이 3척이나 되고 대나무 담배통은 마도로스 파이프만큼 크고, 한 모금 빨려면 힘이 많이 듭니다.

접시 그릇은 놋그릇과 도자기가 있습니다. 상은 다리가 부착된 큰 상인데 밥은 숟가락을, 반찬은 놋젓가락을 사용하기 때문에 상

밥상

위에는 반드시 숟가락과 젓가락이 함께 놓여 있습니다. 밥은 사발
沙鉢에 한가득 담아 올린 단 한 그릇만 먹지 몇 그릇을 더 먹지는
않습니다. 따라서 손님에게도 시중들 필요가 없습니다. 또 식사
때마다 따뜻한 밥을 지어 절대로 식은 밥을 먹지 않습니다. 식사
는 아침·점심·저녁 세 끼로 식후에는 차를 마시지 않고 밥을 짓
고 난 솥에 물을 붓고 데운 물을 마시는 걸로 되어 있습니다. 조
선에서는 아침밥이 중심이 되기 때문에 반찬 수도 아침이 가장 많
습니다.

12. 주거-남녀유별의 구조와 배치-

겨울이 추운 조선의 주택은 일반적으로 겨울 중심으로 지어져 있습니다. 가옥은 대개 그 구조가 갈고랑이식이거나 병렬식의 목조 단층집 구조로 외벽은 흙과 돌을 섞어서 바르고, 내벽은 흙으로만 발라 실내는 벽지가 발라져 있습니다. 문은 출입 가능할 만큼 트고, 창은 거의 없습니다. 이층집을 짓지 않는 것은 여러 이유가 있지만 가장 큰 이유는 겨울철 난방 장치와 관련이 있습니다. 난방 장치는 온돌이라고 하며 지붕은 보통 기와지붕·초가지붕이 있지만, 지방에 따라서는 돌 또는 나무, 가죽으로 지붕을 이은 곳도 있습니다(그림 참조). 방바닥에 수십 군데의 방고래를 만들어 그 위로 돌 판을 깔아 바닥을 만들고, 그 바닥 위를 흙으로 발라 평평하게 한 다음 다시 그 위에 몇 겹이나 되는 기름종이를 발라 철저하게 연기가 세는 것을 방지합니다. 저녁 때 연료를 아궁이에 던져 넣어 두면 불기운이 방고래를 통해 굴뚝으로 빠져나갈 때에 구들장이 달구어져서 밤새 집 안을 알맞은 온도로 유지시켜주는 장치로 되어 있습니다. 이것은 조선의 가옥에 가장 적합한 난방 장치입니다.

가옥의 배치 구조는 바깥채와 안채로 구별할 수가 있습니다. 바깥채는 중문 밖에 있는 것이 보통이며 이것을 사랑이라고 합니

농가

다. 남성의 거실로 사용하며 또한 객실로도 활용되고 옆에는 하인의 처소도 있습니다. 안채는 중문 안에 있으며 안뜰을 가까이에 두고 있습니다. 안방이라고 불리는 부인의 거실이 있는 곳으로 그 옆에는 주방(또는 헛간) 등이 있습니다. 이처럼 남녀의 구별을 엄격히 하는 구조로 되어있기 때문에 여자는 자연 외간 남자와 대면할 수 없을 뿐 아니라, 한가족일지라도 남자는 여자의 공간으로 들어가지 않으며 여자도 또한 남자의 공간을 엿보거나 하지 않습니다. 하지만 근래에는 꽤 개방적이 되었습니다.

안채 안에는 마루방 하나가 있습니다. 이것을 대청 또는 청사라고 해서 주로 식사 준비, 여름철의 식사, 여자의 바느질, 혹은 경조사의 의식을 치르는 곳입니다.

사당은 조상 4대까지의 신주位牌를 안치해 두는 곳으로 별채

온돌 연통

또는 별실을 마련해두는 것이 정식이지만, 근래에는 점점 간략하게 하는 경향입니다.

이상이 방 배치의 개요입니다만, 양반 계급 또는 부잣집인 경우는 아주 복잡하고 방 수 등도 아주 많습니다. 이것은 대가족을 자랑으로 삼는 풍습에서 한 집 안에 몇 쌍의 부부와 그 자녀가 동거하여 식객이 많은 것을 자랑으로 여기고 노비도 자연 다수이며 따라서 이들을 충당하는 각 방이 필요하기 때문입니다.

조선의 가옥은 겨울철 보온으로는 더할 나위가 없지만, 간격이 좁은 데다 채광이 충분하지 않기 때문에 실내 장식도 충분히 설치할 수가 없습니다. 즉 도코노마[22]나 벽장도 없고, 객실이라면 작은 산수화 족자를 벽에 걸든가, 안방이라면 눈부시게 화려한 옷장

안방

을 들여놓고 광채를 더하는 것이 보통입니다. 옥외 장식으로는 대문이나 기둥에 수산복해壽山福海・입춘대길立春大吉이라든지 그 밖의 미사여구를 쓴 대련을 종이에 써서 붙이든가, 외벽에 색기와로 꽃모양을 더하는 정도입니다. 단 초가지붕의 초라함에 비해 기와지붕의 치솟은 지붕은 숭고한 외관을 띠고 있습니다.

┌─ 수수께끼 ─
│ 18인의 자녀를 뜻하는 글자는?　　　　　　오얏 리 李
│ 1척 1촌(한 치)의 집은 무엇인가?　　　　　절 사 寺

---

22) 일반적으로 일본 객실에 바닥을 높게 만들어 족자를 걸고, 꽃이나 장식물을 꾸밀 수 있게 만든 공간

13. 제사와 기도
-출산한 집의 금줄, 돌을 갈아 아이 낳기를 기원-

조선의 제사는 석전제釋奠祭, 동제洞祭, 가제家祭 등이 주요한 제사입니다. 석전은 중국의 공자를 문교의 신으로 제를 지낸 '문묘文廟'(이것은 경성은 물론 각 군에 모셔져 있다)의 제전으로 매년 봄과 가을에 두 번 거행됩니다. 동제는 일본의 진수제鎭守祭와 같이 한 마을의 수호신인 마을신을 모시는 제례지만, 일본에서 행해지는 것처럼 씨족신 연맹氏子連이 한데 모여 가마(오미코시)를 짊어진다든지, 당일에는 면 전체가 들고일어나 축의를 표명한다든지 하는 이른바 '축제 대소동' 같지는 않습니다. 옛 기록에는 일본의 축제와 유사한 축제 형태도 기록되어 있지만, 지금은 마을에 사는 마흔 살 이상의 남자로 출생이나 초상 같은 부정이 없는 청정한 사람 한 명을 제주로 뽑습니다. 이 제주가 며칠간을 청진 결제하여 제를 지내기 때문에 온 마을 사람들이 다 모여서 제를 지내는 곳은 극히 드뭅니다. 그리고 만약 제를 지낸 뒤, 뭔가 마을에 재해가 있다든지 질병이 유행한다든지 하는 일이 생기면 제를 잘못지냈기 때문이라며 재차 동제를 다시 지내야 합니다. 가제라는 것은 즉 조상에 제를 지내는 것으로 조상숭배 사상이 강한 조선에서는 조상에게 제사를 올리는 것이 집을 다스리는 요체라 여겨 호주로서의 첫 번째 일을 이 가제로 하고 있습니다. 가제는 조상의 신주를 사당에 안치하고 설날을 비롯해 각 절기 때마다 지내는 사당제·한식·추석 때 산소에 가서 제를 지내는 묘제가 그 주된 것이며, 또한 고사라고 해서 봄과 가을 두 절기에 가택신을

석전제

모시기도 합니다.

조선에서는 '액운厄り' 신앙이 뿌리 깊게 보급되어 있어서 재해나 질병, 불행, 불운 등도 이를 진심으로 무엇인가의 액운으로 여기는 풍습이 결코 적지 않습니다. 액운을 내리는 것을 일반적으로 '귀신'이라 불리며, 이 귀신에는 그 종류가 아주 많은데 천신, 지신, 산신, 강의 신, 사람의 사령死靈, 동물, 벌레나 물고기 요괴, 암석초목의 정령 등 그 수가 어느 정도가 되는지 알 수 없을 정도로 많고, 또한 이들 귀신은 어느 곳에나 있다는 것입니다. 사람이 귀신에 홀리는 것은 무엇인가 불경한 행동을 해서 귀신을 화나게 한다든지, 원기를 잃고 허약해진 몸에 들러붙는다든지, 또는 그 귀신 쪽이 무엇인가 원하는 바가 있어서 나타난다는

제웅 지푸라기 인형

것입니다. 액운을 막기 위해서는 귀신이 있을 법한 곳 부근에 다가가지 않을 것, 불찰로라도 지나지 않도록 할 것, 원기를 잃지 않을 것, 혹시라도 어쩔 수 없이 다가갈 때에는 뭔가 귀신이 좋아할 물품을 버려서 귀신에 씌우지 않도록 하든지, 또는 각종 주술이나 주문을 외워 침입을 차단하는 것입니다. 예를 들면, 산고개의 어두운 풀숲을 지날 때에는 종잇조각·천 조각을 대신 바친다거나, 몸에 아무것도 지닌 것이 없을 때는 헌 짚신, 돌멩이, 혹은 침을 뱉는 등의 주술을 합니다. 나쁜 돌림병의 침입을 막기 위해 마을 입구에 천하대장군이라고 하는 거대한 형상을 새긴 나무를 세운다든가, 전염병이 유행할 때 그 장소에 금줄을 치고, 디딜방아의 절굿공이를 세운다든가, 마늘이나 고추를 문 앞에 달

출산한 집의 금줄

아놓는다든가, 소나무 가지나 가시가 있는 나무를 세운다든가 합니다. 그리고 아기가 태어난 집에서는 3주 정도 대문 앞에 왼쪽으로 꼰 새끼줄에 숯, 솔잎, 고추를 매단 금줄을 쳐 악귀의 침입을 막습니다.

하지만 운 나쁘게 무엇인가에 홀렸을 때에는 '봉사'라고 하는 맹인에게 무슨 액운인지 점을 쳐서 그것이 무슨 귀신의 액운인지 알게 되면 이 맹인이나 '무당'이라는 무녀에게 기도를 부탁합니다. 맹인은 안마나 침술이 본업이 아닌 이러한 점술이나 기도가 본업이고, 무당은 신을 섬기는 것보다 귀신에 대한 기도를 전업으로 합니다. 맹인의 기도는 경문이나 주문으로 들러붙은 귀신을 위협하여 퇴치합니다. 무녀는 우선 귀신과 접신하여 귀신의 소원하는

맹인 점쟁이의 기도

바를 들어보고, 그것에 맞추어 공물을 올리든가, 춤과 음악으로 위로하고 도와주어 귀신의 원한을 들어주어 물러나게 합니다.

행복을 바라는 기도 중에 가장 보편적인 것은 '기우祈雨'와 '기자祈子'입니다. '기우'는 매년 여름철 가뭄이 이어져 농작물이 고사할 것 같은 때에는 어디에서나 행해지며, 마을의 대표자가 산 위 또는 연못·강 부근에서 천신에게 비를 기원하고 동시에 용신에게 개의 피나 돼지 머리를 바칩니다. 이것은 개와 돼지가 불결한 것이기 때문에 용신이 노하여 이 부정한 것을 깨끗하게 씻겨내기 위해서 비를 내리게 한다고 하는 주술입니다. 이 기우제에는 독특한 것이 있습니다. 그것은 신성하게 여기는 산 위에 시신을 묻으면 그 시신의 혈족은 부귀영달하지만, 대신 산신이 노하여 비를

무당의 기도처

내리지 않게 한다고 믿기 때문에 산 부근의 주민은 산에 묘지가 조성되는 것을 막습니다. 그래서 한동안 비가 내리지 않으면 마을 사람들은 누군가가 몰래 묘지를 만든 것은 아닌가 하고 산을 돌아 보고 만약 새로 만든 묘지를 발견하면 마을 사람 모두 합동하여 이를 파내어버립니다. 때때로 이 발굴로 묘지 조성자 측과 마을사 람 측 사이에 유혈사태가 발생하는 일도 없지 않습니다.

많은 자손(아들)이 가운을 증진하는 것으로 믿고 있는 조선에서 는 기자 풍습이 꽤 성행하고 있어서 시집와서 1, 2년이 되어도 자 식(아들)이 없는 부인은 반드시 아들을 얻고자 기도를 합니다. 처 음에는 집안에 모시는 산신産神에게 기원하고, 아이를 많이 낳은 사람 속옷을 받아 허리에 두른다거나 하는 주술을 하여도 효과가

기자석불

없을 때에는 산사의 부처님이라든가 석불이라든가 산중의 거석이
라든가, 거목, 큰못 등에 기도하기 시작합니다. 기도하는 방법은
절이라면 스님이 대신 기도를 드려주지만, 석불이나 거석 등에 기
원할 경우에는 적당한 자갈로 부처님의 좌석이나, 거석의 복부를
갈아 그것이 딱 들어맞았을 때 성심이 통하여 소원이 닿았다고 믿
는 것이 일반적이고, 거목이나 큰못 등의 경우에는 공물을 바치고
몇 시간 묵도합니다.

이 '기자'와 유사한 것으로 '수양자收養子'라는 풍습이 있습니다.
태생이 허약한 아이나 매우 귀한 외동아들을 탈 없이 잘 키우고
싶은 마음에 그 아이를 신이나 타인의 양자로 삼는 것으로, 신의
양자로 하는 경우는 거목이라든가 거석이라든가 강하고 쉽게 소

기자암 흰 점들은 돌로 갈아 만들어진 흔적

멸되지 않는다고 여겨지는 것을 골라 양친으로 삼고, 사람의 경우
는 비천한 사람 예컨대 승려, 무巫(여성 무당), 격覡(박수 무당) 등에게
부탁하여 부모로 삼습니다. 이리하면 거목이나 거석의 령이 자기
자식처럼 수호하여 주고, 비천한 사람의 자식이 되면 자연스럽게
그 아이도 건강하게 자라난다는 것입니다. 양자로 했다고 해서 그
아이를 상대방에게 양도하는 것은 아니고, 자신의 곁에 두고 계속
키우는 것이지만, 그 후부터는 그 양부모를 친부모와 같이 보고
익힙니다. 그 아이가 성장한 다음에도 친부모와 마찬가지로 '부
모'라고 부르며, 역시 양부모가 거석이거나 거목의 경우에도 이들
을 '부모'로 모시는 것은 물론이고 돌이나 나무를 기념하는 한자
를 아명 속에 넣어서 오래도록 그 은혜를 잊지 않도록 합니다.

14. 오락과 취미-규수의 그네, 축하 장식 문양-

종래 조선의 가정은 어린이를 놀게 하는 곳이 아닌 오히려 교육하는 곳으로 여겨졌기 때문에 완구 등의 오락 물품이 없어 놀려면 집 밖으로 나가고, 놀이로서는 남자아이는 팽이치기, 연날리기, 여자아이는 널뛰기라든가, 그네 등이 가장 일반적이었습니다. 팽이는 **핑구**라고 해서 둥그런 나무 위를 잘라 아래를 원추형으로 1촌 2, 3푼 높이 2촌 5, 6푼 정도로 만든 것으로 이것을 돌리기 위해서는 살짝 손으로 돌려놓고 나서 1척 정도의 봉 끝에 3, 4촌의 끈을 단 '**핑구치**(채찍)'를 손에 들고 이 채찍을 휘둘러 돌기 시작하는 팽이 측면에 끈을 때려 맞추어 힘을 가합니다. 치는 것을 보면 일본의 팽이しゃごま와 유사하지만, 돌아갈 때 소리가 나지 않는 것과 돌리기 시작할 때 끈을 감아 말아서 치지 않는 것이 다른 것 같습니다. 종이연은 **연**이라고 해서 일본의 놀이와 큰 차이는 없습니다만, 네모난 모양의 연은 그 중앙에 동그란 구멍을 뚫어놓는 것이 일반적입니다. 널뛰기는 **널**이라고 해서 5, 6척의 판을 나무나 짚의 베개가 되는 것 위에 놀려놓고 그 양편에 한 사람씩 타, 서로 탄력을 가하면서 뛰어오르기 때문에 그중에는 다치지 않도록 줄을 매달아 그 줄을 붙잡고 뛰는 사람도 있습니다. 그네는 **건**

널뛰기

네로 단오 절구에 항상 집 안에서만 칩거하고 있는 부인들이 이 날을 '그네데이'라고 해서 야외 공기를 맘껏 즐겨 놀며, 대부분은 커다란 나뭇가지에 10여 척의 새끼줄을 달아매 타는데, 높이 올라 가는 것을 자랑으로 여깁니다.

요즘에는 '술래잡기', '숨바꼭질', '열 발 뛰기' 등 각종 놀이가 일본의 아동들에게서 전해져, 조선 아동의 놀이 가지 수가 점점 많아지고 있습니다. 학교에 다니는 아동 수는 아직 학령 아동의 극히 일부에 지나지 않지만, 이들 아동이 다른 아동들과 함께 놀 때에는 언제나 리더가 되기 때문에 학교 유희가 고르게 보급되어 있습니다.

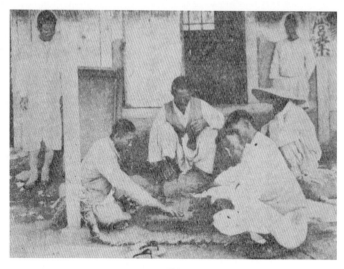

장기

어른들의 오락으로는 이것이라고 말할 수 있는 것이 딱히 정해져 있는 것은 아니지만, 대부분은 그 신분과 연령에 따라 각각 다릅니다. 학문이 가능한 노인들은 모임을 가져 돌아가며 시를 짓는다든가, 글과 그림을 휘호하는 것이 일반적이고 노인이나 젊은이 가리지 않고 바둑·장기가 널리 행해지며, 상류 계급에서는 활쏘기를 즐기는 사람도 있습니다. 대체로 각 계급에 걸쳐 널리 음주와 잡담을 즐기는 것이 가장 보급된 오락으로, 그를 위한 음식점 수는 인구에 비례해 놀랄 정도로 많이 번창해 있습니다.

민중 오락 기관으로써 최근 도회지에서는 활동사진관, 극장 등도 생겨났지만, 활동사진관에 비하여 연극은 아직 민중이 애호하는 것이 되지 못하고 있습니다. 이러한 기관이 없는 시골에서는

풍년춤

'줄다리기', '씨름', '풍년춤' 등으로 단조로운 생활을 달래주는 것이 있지만, 이러한 행사는 한 해에 한 번이라든가 두 번으로 정해져 있기 때문에 평소의 즐거움은 한 달에 여섯 번, 5일 마다 열리는 '시장'에 나가서 입과 배의 욕구를 채우고, 신기한 이야기를 듣는 수밖에 없습니다. 시골 시장이 지금에서는 유일한 민중 오락 기관입니다.

조선인이 좋아하는 연기緣起23)는 주로 문자에 의한 우의寓意로, 물상物象에 의한 것은 적은 것 같습니다. 그중 한두 가지를 말씀드리면, 조선에서는 어떤 집이건 입춘 날, 그 문 앞에 새로운 백지

23) 일본어로 연기(緣起)는 길흉의 조짐이나 재수를 말하는데 여기서는 재수를 축원하는 것을 의미함.

시장 음식점

에 다음과 같은 문자를 적은 '대련'이라는 것을 붙이는데, 이것은
이 문구에 의해 집의 연기를 축원하는 것입니다. 즉 그것은 '부왕
否往. 태래泰來', '수여산壽如山. 부여해富如海', '입춘대길立春大吉. 건양
다경建陽多慶', '소지황금출掃地黃金出. 개문만복래開門萬福來', '일춘화기
만문순―春和氣滿門楯. 일진고명만제도―振高名滿帝都'와 같은 미사문구
를 한 줄로 늘어놓은 문자입니다. 그리고 장롱이나 가구의 쇠 장
식에 박쥐나 만卍자 문양을, 또는 자루 주머니나 의류, 장신구 등에
수壽, 복福, 희囍, 철喆, 귀貴, 덕德 등의 문자, 문양을 사용하는데, 모
두 다 이들 문자가 담고 있는 축하 의미를 기복하는 것입니다. 물
상 문양에서는 나비가 널리 사용되고 있는데, 이것도 나비는 많은
알을 낳기 때문에 '많은 손'의 의미를 담고 있습니다.

입춘 대련

　'색'은 일반적으로 흰색을 좋아하는 것으로 말해지고 있는데, 상하빈부를 막론하고 가장 많이 사용되는 옷감 색이 흰색이며, 조선인 자신도 '백의인'이라고 칭할 정도로, 흰색은 특별하게 애호되고 있습니다. 흰색 이외의 색깔 옷으로는 적색이라든가 청색이라든가 황색 등 대체로 원색이 많이 사용되고, 탁한 색이나 흐린 색은 거의 사용되지 않습니다. 그러한 색이나 검은색은 비천한 느낌이 드는 색으로 여겨져 일반적으로 선명하고 산뜻하고 아름다운 원색이나 농후한 색의 배합을 좋아하는 것 같습니다. 이것은 복장에서만이 아닌 채색된 것이라면 기구器具, 건축에 상관없이 마찬가지입니다.

아악기

음악에 대해 말하자면 종래에는 교양 있는 사람紳士은 손으로 만지거나 입으로 불거나 하는 것이 아니라고 여겨졌기 때문에 그 취미는 일반적으로 발달하지 않은 것 같지만, 양반 계급을 제외한 계급 사이에서는 상당히 보급되어 있습니다. 대략 말하자면 기악보다는 성악을 좋아해서, 연주 상에서 말하면 성악이 주연주가 되고 기악은 반주의 위치에 있습니다. 즉 기악만으로 독립하여 연주되는 경우는 거의 없는 것 같습니다.

'가요'로는 춘향가, 수심가, 서도잡가, 남도단가, 무녀가 및 아리랑이라고 하는 민요로 종류가 아주 다양한데, 박자는 모두 느린 선율이고 리듬은 음선법陰旋法을 따르기 때문에 평화로운 느낌, 애수의 느낌, 단념의 느낌 등이 주조를 이루고 있어 고무나 격정의

기생의 춤

기분을 불러일으키는 것은 극히 소수입니다. 악기는 아악기 30여 종이 있는데 이것은 왕실에서 소장하고 있는 관계로 민간에서 사용되고 있는 것은 가야금, 양금, 장고, 단소, 거문고, 호적, 생황 등 몇 개의 악기에 지나지 않습니다. 근래의 악기로는 바이올린, 하모니카, 첼로, 오르간, 피아노 등 양악기가 때때로 연주되고, 가곡으로는 일본에서 유행한 것이 조선어로 개사되어 한창 보급되고 있습니다.

수수께끼	
저녁 무렵에 점치러 가는 것은 어떤 글자?	바깥 외 外
관 쓴 여자를 나타낸 글자는?	편안할 안 安

세배

15. 연중행사(음력에 의함)

〈정월〉

'원단元旦'[24]은 1년 중 가장 중요한 날이기 때문에 가족 모두 이른 시간에 일어나 제수와 떡국을 끓여, 사당(조상 4대까지의 신주 즉 위패를 안치한 곳)에 차리고 예배를 올립니다. 이를 '정조차례正朝茶禮'라고 말합니다. 신년에는(대개 1일부터 15일까지의 기간) 남녀노소가 모두 새 옷을 입습니다. 이를 세장歲粧[25]이라고 칭합니다. 윗사람은 집에 머물며 자녀나 친척들로부터 신년 인사를 받습니다. 자녀는

---

24) 설날.
25) 설빔.

부럼 깨기

자신의 집에서 예를 올리고 나면 '세배'라고 해서 스승이나 윗사람 또는 친척들에게 신년 인사를 하러 돕니다. 세배를 받은 사람은 보통 세뱃돈이라고 하여 자녀에게 약간의 금전을 건네주고 또 일반 세배자에게는 술과 음식을 대접하는 것이 상례입니다.

15일을 '상원上元'26)이라 해서 당일에는 약밥을 먹습니다. '약밥'은 흔히 약식이라고 말하는데 우선 찹쌀을 쪄 여기에다 잣·밤·대추·꿀 및 간장 등을 첨가해 재차 쪄낸 것으로 일종의 풍미를 지니고 있습니다. 상원날 아침에는 소주 또는 약주를 한 잔 마시게 되어 있습니다. 이것은 귀를 밝게 한다는 뜻에서 이 술을 일명

26) 정월 대보름.

답교

'이명주耳明酒' 또는 '귀밝이술'이라고도 합니다.

상원 아침을 '작절嚼癤'[27]이라 하여 밤·호두·잣 등을 깨물어 먹는 풍습이 있습니다. 일 년 중 부스럼이 생기지 않는다고 하는 전설에 바탕을 둔 것입니다. 이러한 밤·호두·잣 등을 일명 '보름'이라고 말하는데 유사한 '부스럼'에 연결시킨 것입니다. 또 이를 단단하게 해준다고도 전해져 내려오고 있습니다.

상원날 저녁 무렵부터 햇불을 들고 높은 곳에 올라 달이 뜨는 것을 기다립니다. 이것을 '달맞이月迎'라고 하여 다른 사람보다 먼저 달을 본 사람이 길운이 좋다고 합니다. 또 달의 빛깔을 보고

---

27) 부럼.

그 해의 풍흉을 점칩니다. 즉 붉은빛은 가뭄, 흰빛은 홍수, 진한 빛은 풍년, 연한 빛은 흉년으로 칩니다.

상원날 밤에는 '답교踏橋'라고 해서 다리를 건너는 풍습이 있습니다. 일 년 내내 건강하고, 발병에 걸리지 않는다고 하는 설에서 연유한 것입니다. 이것은 조선말 '다리脚'와 '다리橋'의 발음이 같은 데서 그런 식으로 끌어온 것 같습니다.

입춘날은 도회지나 시골 상관없이 집집 대문이나 혹은 기둥에 길조를 뜻하는 문구를 백지에 커다랗게 써서 붙입니다. 예컨대 '입춘대길立春大吉', '건양다경建陽多慶', '애군희도태우국원년풍愛君希道 泰憂國願年豊',[28] '천증세월인증수춘만건곤복만가天增歲月人增壽春滿乾坤福 滿家'[29] 등의 부류가 있습니다. 또한, 1월에 남자는 종이연을 날리고 여자는 널뛰기를 합니다. 실내 유희로 '사柶'[30]라는 것이 있습니다. 윷이라는 것은 지름 1촌 정도의 원목을 5촌 내지 7촌 정도의 길이로 잘라 한 면을 평평하게 깎은 것을 네 개 만들어 이것을 던져, 4개 중에 위를 향한 것이 한 개이면 1점, 2개이면 2점 … 4개이면 4점, 4개 모두 한꺼번에 아래로 향하면 5점이라고 셈을 하면서 경쟁하는 놀이입니다.

〈2월〉

2월 1일은 천정병天井竝으로 가옥 안팎을 청소하는 날입니다. 또

---

28) 임금을 사랑하고 동경하는 것은 큰 도리요 나라를 걱정하며 해마다 풍년이 되길 원하네, 『추구(推句)』.
29) 하늘은 세월을 늘리는데 사람은 수명을 늘리고 봄은 온 천지에 가득 찼는데 복은 집집 마다 가득하네.
30) 윷놀이.

초가집에는 노래기馬陸가 발생하기 때문에 종이에 '향랑각시속거천리香娘閣氏速去千里'[31]로 된 8자의 주문을 써서 천정이나 대들보에 붙입니다. '향랑'은 아름다운 처녀를 가리키는 말이고, '각시'는 양갓집 규수를 가리키는 말로써 노래기를 양갓집 자녀로 비유하여 멀리하는 것입니다.

또 1일에는 송병松餅[32]을 먹게 되어 있습니다. 만드는 방법은 우선 멥쌀 가루에 따뜻한 물을 부어, 반죽하여 계란 크기의 피皮를 빚고, 여기에 팥 또는 푸른 콩의 소를 넣어, 떡시루에 솔잎과 번갈아 깔아놓고 찝니다. 다 쪄지면 물로 씻어서 솔잎을 떼어내고 참기름을 발라서 먹는 것입니다. 옛날에는 이날 노비에게 그 나이와 같은 수의 송편을 주었습니다. 따라서 일명 이날을 '노비일奴婢日'[33]이라고도 말합니다.

6일 황혼, 달빛이 아직 희미할 때 삼성(이십팔수 별 중 하나)[34]과 달의 위치를 보고 그 해의 풍흉을 점칩니다. 이를 '삼성점'[35]이라고 합니다. 삼성과 달이 동행하면 풍흉이 반반이고, 삼성이 앞이면 흉년, 뒤면 풍년이라고 정해져 있습니다.

〈3월〉

'한식'은 동지 후 105일째를 말하는데 2월이 될 때도 있고, 또

31) 2월 초하룻날 집안을 청소하며 노래기를 퇴치하기 위해 붙이는 부적, 『경도잡지(京都雜志)』.
32) 송편.
33) 머슴날.
34) 좀생이별.
35) 좀생이점.

대로변의 점쟁이

는 3월에 들어설 때도 있습니다. 이날에는 조상의 묘지를 성묘하고 '묘제'를 지냅니다. 사명절 중 하나로 추석(8월 15일)과 함께 중요한 날로 여겨지고 있습니다.

3월 3일을 '중삼'이라고 해서 화전花煎을 먹습니다. 이것은 찹쌀가루에 따뜻한 물을 붓고 적당한 크기로 둥글린 다음 둥글게 잘라 진달래꽃을 얹어 기름에 지집니다. 이 달은 꽃이 웃고 새가 노래하는 화창한 좋은 계절로 도회인은 술과 음식을 챙겨서 나무 아래서 놀며 꽃구경하고 시를 짓는 이도 있는가 하면, 아동들은 버들피리를 불며 노는 이도 있습니다. 이를 이름도 어울리게 '화유花遊'[36]라고 칭하고 있습니다.

관등 풍경

〈4월〉

4월 8일은 석가탄신일로 이를 '욕불일浴佛日'이라고 칭하고 있습니다. 이날에는 남녀 모두 의상을 갈아입지만, 특히 아녀자는 '팔일장八日粧'이라고 하여 공들여 치장하고 놉니다. 또한, 이날 밤을 '등석燈夕'이라고 해서 저녁 무렵이 되면 집집이 종이로 만든 등불에 불을 밝힙니다. 그리고 남녀가 경쟁하듯 높은 곳으로 올라가 이를 구경합니다. '관등'은 이를 가리키는 말로 원래 개성이 본고장이었지만, 지금은 경성에서도 자주 행해지고 있습니다.

---

36) 꽃놀이.

그네뛰기

〈5월〉

5월 5일의 단오에 아녀자는 창포를 담근 따스한 물로 얼굴과 머리를 감고 새 옷을 입게 되는데 이를 '단오장端午粧'이라고 합니다. 또 소녀는 창포 뿌리로 만든 비녀를 머리에 꽂습니다. 속설로 역병을 막을 수 있다는 전설에서 연유하는 것입니다. 이날에는 '애병艾餅'[37]을 만들어 사당에 차리고 차례를 올리고 각자 이것을 먹는 것이 관례입니다. 더욱이 도회지나 시골 가릴 것 없이 부녀자는 이날 활발하게 그네 유희를 즐깁니다.

---

37) 쑥떡.

약수 마시기

〈6월〉

6월 15일을 '유두流頭'라고 하여서 수단자를 먹는 관례가 있습니다. 수단자는 찹쌀 가루에 따뜻한 물을 붓고 쪄서 둥근 봉 형태로 만든 것을 둥글게 떼어서 찬물에 떨어뜨려 꿀물을 넣어 만든 것입니다.

삼복 때에는 폭염이 극에 달할 때라 술을 들고 계곡가 같은 이른바 물가의 정자나 산정에 가서 시를 짓거나 술잔을 돌려가며 하루의 더위를 잊습니다. 그리고 가끔 일어나서 맑게 흐르는 물에 발을 담그기 때문에 이를 '탁족濯足'으로 이름 붙이기도 합니다. 또한, 이때쯤에는 산간의 맑은 물을 '약수 마시기'라고 해서 자주 마시며 즐깁니다.

〈7월〉

7월 7일은 소위 '칠석'으로 견우·직녀 두 별이 서로 만나는 날입니다. 이날 밤 미혼 여성은 이 두 별을 우러러보며 길쌈 솜씨가 능숙해질 수 있도록 기원합니다. 또 까치는 은하수에 다리를 놓기 위해 모조리 하늘로 올라가 지상에는 없다고 전해집니다. 이날은 의복이나 서적을 햇볕에 쪼여 벌레로부터의 해를 막습니다. 책의 벌레 말리기 하는 것을 '쇄서曬書'라고 이름 붙이고 있습니다. 또 이날에는 제찬을 만들어 사당에 바치고 예배를 드립니다.

15일은 '중원' 또는 '백종일百種日'이라고 칭하고, 또 백중절白中節이라 해서, 스님이나 비구니·불자나 속세인 할 것 없이 신성한 장소를 마련하여 불전에 공양을 드리고, 사원에 참배를 합니다. 남쪽 지방에서는 이날 젊은이들끼리 씨름을 하여 우승자에게는 소를 상으로 주는 풍습이 있습니다.

〈8월〉

8월 15일은 '추석'이라고 합니다. 이날은 한식과 마찬가지로 '묘제'를 지냅니다. 묘지의 잡초를 베는 것을 '벌초'라고 합니다. 이날은 소위 중추에 해당하기 때문에 보름달을 감상하느라 밤이 깊어가는 것을 잊을 정도입니다. 추석은 농가의 명절이기 때문에 햇곡식으로 술이나 떡을 만들고, 혹은 여러 가지 음식을 조리하여 가족들이 단란하게 밥상을 마주하고 1년의 노고를 위로하는 것으로, '농가팔월선農家八月仙'이라는 말이 있을 정도입니다. 지방에 따라서는 이날 가무·줄다리기·씨름을 합니다.

벌초

〈9월〉

9월 9일은 즉 중양절로 또는 중구라고도 합니다. 도회지 사람은 교외로 나가 단풍을 즐기고, 문인묵객은 술에 황국을 띄워 시를 짓거나 고시를 읊으면서 자연 속에서 맘껏 하루의 풍류를 즐깁니다. 또 이날에는 국화전을 부칩니다. 3월 3일에 먹는 화전과 같은 것입니다. 단 진달래가 국화로 바뀝니다.

〈10월〉

한식·추석 외에 10월 중에 길일을 골라 일족이 여럿이 모여서 묘지에서 조상에게 제사를 올립니다. 이를 '시제時祭'라고 말하며, 날은 정일丁日 또는 해일亥日을 길일로 합니다. 조선에서는 선조 4

김장

대까지를 집의 사당에 모시고, 5대 이상은 신주를 매안埋安[38]해 둔 묘지에서 시제를 행하고 올리도록 정해져 있습니다.

또 이달에는 가신家神에게 제사를 지냅니다. 이를 '고사告祀'라고 칭하는데 성주家神·기주宅地神 등에게 제를 올리는 것으로, 찹쌀 가루에 따뜻한 물을 부은 다음에 팥을 넣어 시루에 넣고 쪄낸 떡 을 올립니다. 고사날은 무戊의 날, 오午의 날을 길일로 합니다.

또 이달은 김치 담그는 달이기도 하는데 마침 이때 무나 배추 가 많이 나오기 때문에 조선 식단에서 빠뜨릴 수 없는 반찬인 김 장하느라 각 가정 모두 바쁘기 이를 데가 없습니다.

---

38) 신주(神主)를 무덤 앞에 묻는 제례 절차.

〈11월〉

'동지'를 '아세亞歲'라고 말합니다. 이날에는 팥죽을 쑤어 여기에 새알심을 넣어 먹습니다. 또 사당에도 팥죽을 올리고 제를 지냅니다. 게다가 또 이 팥물을 대문 널문에 바르면 역귀를 쫓는다고 전해지며 그런 주술도 행해지고 있습니다.

〈12월〉

세모 선물을 '세찬歲饌' 또는 '세의歲儀'라고 해서 은고한 사람, 존경하는 은사·오랜 친구 그 밖의 노비 등에게 보냅니다. 세찬 선물로 가장 일반적인 것은 꿩·닭·계란·명태·담배·옷감 등입니다.

그믐날에는 저녁 무렵에 사당을 참배하고, 또 촌장·친척 등에게 세말 인사를 올립니다. 이를 구세배[39]라고 칭하고 있습니다. 이 날은 제야·제석이라고 해서 각 실내에 불을 밝히고, 노소를 불문하고 새벽닭이 울 때까지 잠들지 않습니다. 이것은 소위 수세守歲로써, 만약 졸기라도 하면 눈썹이 하얘진다고 해서 졸음에 빠진 아이들은 곧잘 놀림을 당합니다. 또 섣달 그믐밤에는 일반적으로 '복조리'를 사는 것이 관례입니다. 이것은 영복迎福의 의미에서 유래된 것입니다.

〈윤월〉

윤월은 일명 '한월閑月'이라고 해서, 늙은 부모가 있는 사람은 부모를 위해서 '수의'(망자에게 사용하는 옷)를 짓는 풍습이 있습니다.

---

39) 묵은 세배.

복조리 팔기

조금 이상하게 들리겠습니다만, 이는 거짓으로 수의를 만드는 것이 오히려 장수를 유지한다고 하는 기원에 바탕을 둔 것입니다.

민요

아리랑 아리랑 아라리요

　　아리랑 고개로 넘어간다

나를 버리고 가시는 님은

　　십 리도 못 가서 발병 난다

　　　　　아리랑의 1절

16. 마치면서(보필)

　이상으로 극히 대강이기는 하지만 조선 풍습의 여하, 일본과의
차이나 유사점이 무엇인가에 대해 이것으로 간단하게나마 명확해
졌다고 여겨집니다. 그 중에 유사점은 별문제가 되지 않지만, 상
이점은 일본인으로서는 알아두는 편이 여러모로 편리할 것 같으
니 여기에 다소 부족한 것을 보충하고자 합니다.

　언어는 교제 시에 그 무엇보다도 선행하는 것, 그리고 가장 많
이 사용되고, 또한 미묘한 관계를 지니는 것이기도 합니다. 하지
만 이 언어가 각각, 국어를 조선어로, 조선어를 국어로, 번역할 경
우에, 내용-의미가 딱 맞지 않는 말을 가지고 있다든지, 또는 오
역한다든지, 나아가서는 적용을 잘못하여 생각지도 못한 희비극을
연출하는 경우가 상당히 많은 것 같습니다.

　'여보'라는 말은 조선인들끼리는 그냥 '여보세요もしもし', '이봐ぉ
い' 정도로 부르는 의미로 해석되지만, 일본인이 조선인을 향해
'여보', '여보상' 등을 사용하면, 일본 말 중에 '휘청휘청거리는 노
인(요보요보지이よぼよぼ爺)' 등으로 말하는 모멸의 의미가 담겨있어, 일
본인이 이 말로 부르면 아주 싫어합니다.

　동일한 의미를 나타내지만 일본인의 해석과 다른 문자를 쓰는
것이 있습니다. 예컨대 일본인의 '상담相談'이란 말에 대해 조선어
는 '의논議論'이라는 단어를 쓰고, '소란騷ぐ'에 대해 '싸움喧嘩', 배
에서 '상륙上陸'을 '하륙下陸'이라고 반대로 씁니다. 이것은 일단 그
렇다 치고, '임차賃借'를 '세貰'라고 쓰고 '셋집貸家'을 '세가貰家'로

돌잔치

쓰면 일본인에게는 어지간해서는 알 수가 없습니다.

예의 – 체면을 존중하기 때문에 조선에서는 경어가 현저하게 발달해 있습니다. 그리고 상대방 신분, 연령에 따라 대화어 · 대등어 · 대상어 · 대최상어를 가려 씁니다. 만약 잘못하여 상응 이하의 경어를 쓰는 듯하면 지금까지 온순했던 사람이 확연하게 기분 나빠하며 화를 내는 경우가 있습니다. 그렇다고 해서 너무나 상응 이상의 경어를 사용해도 또 조롱한다며 기분 나빠할 염려가 있습니다.

일본인이 자주 쓰는 어御라는 경어는 조선에서는 예로부터 왕 이외에는 쓰지 않게 되어 있습니다. 따라서 일본인에 대해서 '어御' 경어를 빠뜨려도 그것은 경시해서가 아닙니다.

노인·기혼자가 존경받고, 유아·미혼자가 경시되는 풍습이기 때문에 전차 안에서 유소년에게 자리를 양보하도록 강요하는 노인을 목격하는 경우도 있습니다.

길흉 때의 인사나 선사품은 때와 경우에 따라서 경중이 있는 것은 일본도 마찬가지이지만, 그 시기와 성질에는 상당한 차이가 있습니다. 예컨대 출산 후에 곧바로 축하하지 않습니다만, 백일째라든가, 특히 첫 번째 생일에는 일족이 모두 모여 성대한 축하연을 펼칩니다. 일반적으로 조선에서는 생일을 중시해서 일가 사람에 대한 생일 축하는 매년 빠뜨리지 않으므로 때에 따라서는 축하가 연달아 계속되는 달도 있는 셈입니다.

살을 드러내는 것은 조선 사람이 가장 혐오하고 기피하는 것입니다. 이 점에서는 개의치 않아 하는 일본인은 그로 인해 조선 사람들로부터 천시되고 있습니다. 조선 사람은 단순히 살을 밖으로 드러내지 않을 뿐만 아니라 실내일지라도 의관을 갖추고 있습니다. 흔히 관은 모자와는 전혀 다르게 남 앞에서 벗는 것은 아주 실례가 되는 일입니다. 따라서 남을 방문하고 이내 돌아갈 때가 되면 관의 끈을 바르게 하고, 장갑, 목도리까지 두르고 나서 '안녕히 계십시오……' 하는 인사를 합니다.

조선의 실내에서는 온돌 아궁이가 있는 쪽이 상좌이기 때문에 손윗사람에게는 상좌를 양보하는 것을 잊지 않지만, 일본식 방이나 어떤 회장 등에서는 상하의 자리 배치를 모르기 때문에 상좌인 것도 모르고 도코바시라床柱[40]를 등으로 하고 점잖게 앉아있는 모습 같은 진풍경이 연출되기도 합니다. 또 방석은 온돌에 비치된

물품으로 반드시 거기에 앉는 습관이 있기 때문에 일본인의 집을 방문하더라도 권하기도 전에 떡하니 점유하고 아무렇지도 않게 앉아있기도 하는데 이것은 손님에 대한 하나의 우대품이라는 것을 알지 못하기 때문에 그렇습니다.

상대가 손윗사람인 경우에는 손아랫사람이 먼저 말을 건네는 것은 예의가 아니므로 말을 건네올 때까지 잠자코 있습니다. 무뚝뚝해서이거나 싫어서가 아닙니다. 즉 근신의 예를 표하고 있는 것입니다.

중인 이하의 집을 방문하면 문 앞에서 서서 이야기하는 걸로 용무를 보지 않으면 안 됩니다. 이것은 객실이 없기 때문인 것과 안으로 들어가면 부인과 면접을 할 수밖에 없는 상황을 꺼려서입니다. 따라서 비 오는 날에는 급한 용무가 아니면 방문을 삼갑니다.

조선 사람이 일본인을 방문할 경우 현관에 들어서서도, 무슨 일이신지? 하고 묻지 않으면 잠자코 언제까지나 서 있습니다. 그로 인해 수상한 사람으로 오해받는 일이 간간이 있는데, 이렇게 바로 서 있는 것은 실은 겸손의 덕을 그대로 실행하고 있는 것입니다.

또 물품 등을 지참하여 일본인을 방문했을 때 공교롭게도 집주인이 집에 없다면 그 물건을 부인에게 건네지 않고 그대로 다시 갖고 돌아갑니다. 이것은 부인과의 교섭을 꺼려서 그렇습니다. 조선에서는 일본인처럼 남녀가 친근하게 이야기를 나누는 행동을

---

40) 도코노마 기둥, 신위를 모셔둔 기둥.

하지 않습니다. 따라서 조선 사람에게 인사를 할 경우 일본식으로 "부인께도 안부 인사 부탁드립니다……" 등의 인사치레는 금물입니다.

이 밖에도 사례를 들자면 많이 있지만, 지금은 이 정도로 마치겠습니다. 무릇 자신들과 다른 것은 일체 기괴한 풍습이나 색다른 풍속으로 천시하고 배척하려 하는 것이 사람의 인정입니다. 그러나 다른 것은 단지 형태상의 것이니, 그런 좁고 피상적인 생각은 버리고 형식이나 외형에 구애받지 말고, 정신이 깃들어 있는 것을 참작하여 서로 따뜻한 교류를 이어가면서 고칠 것은 합리적으로 고쳐가고, 점차 마음으로부터의 결합을 강하게 다졌으면 합니다.   (끝)

조선에 대한 문의 사항이 있는 경우는 대개 왼쪽(아래)에 기입되어있는 국과局科로 문의 하시면 가능한 일은 회답해드리겠습니다.

기記

일반적인 조선 사정	문서과
대외 이민 그 밖의 섭외 사항	외사과
지방 행정 및 토목 등에 관한 사항	내무국
재정 및 세무 등에 관한 사항	재무국
상공, 광산, 수산 등에 관한 사항	식산국
농무, 토지개량, 수리, 임정 및 임업 등에 관한 사항	농림국
법무 및 행형 등에 관한 사항	법무국
학무 및 사회사업 등에 관한 사항	학무국
경찰 관련 사항	경무국

더불어 일본에 있어서는 왼쪽(아래)에 기입된 조선, 만주에 관한 여행·통관·화물에 관한 문의 및 사정강연·활동사진의 수요에 응합니다.

도쿄	조만안내소
오사카	조만안내소
시모노세키	조만안내소

影印

朝鮮の習俗

朝鮮の習俗

男女の容姿

朝鮮　家屋の島　歐

結婚前の新粧

朝鮮の習俗目次

目　次

朝鮮の習俗

はしがき

風俗習慣は民族性の一反映とも見るべきでありませう。その民族性が、天賦の性情に、幾百千年間の、科學・文藝・宗教などの諸要素や、政治・經濟・教育、乃至は天然力などの影響の織込まれたものであります以上は、如何に他愛もなき風習の一行事にも、如上の諸要素の史的面影を留めてゐないものはありません。さればこそ、斯道の學者達は、古瓦の模樣にも、俗謠の旋律にも、熱心な研究の耳目を傾注するのであ
りませう。

朝鮮は、内地とは一葦帶水の地、固より同種同根の民族、有史以前より交渉を重ねて、齊しく東亞の文化に哺まれて來ました關係上、風習の如きは、實に驚くほど多くの類同を有して居るのであります。さうと氣付いて見ますると、日韓併合の如きも、寧ろ自然に歸したるものとの感が自ら湧き出でて、親和の情の一入切なるを覺ゆると同時に、更にかゝる方面の探究に興味を唆られるのであります。

併し、かゝる探究も、今は學究的の興味からするやうな閑事業ではなくなりました。今や内地人の在鮮者

— 1 —

は五十餘萬、如何なる奥地にも活動の姿を見ざるなく、一方、三十餘萬の朝鮮人が、内地の都市は勿論、僻

陬の地方にまで入込んで、或は學舎に官衙に、或は會社に工場に、内地人と共に研究し、作業し、起臥し

て、デリケートな交渉が、日夕兩者の間に行はれつゝあるの狀態でありますから、内地人として、朝鮮の如

何——その民情・風習の如何——と云ふことを知るのは、最早や學者、好事家のみの趣味の問題でなく、實

に國民全體としての必要な事柄である譯であります。してみますと、苟も朝鮮の同胞とゝもに文化の向上

を圖り、幸福を享受しようといふことを常に念とせられる人々は、かゝる風習の一端なりとも速に心してお

くべきでありますまいか。若し之を胸に置いて朝鮮及び朝鮮の人々に臨みますならば、如何ほど共昌共榮へ

の行進が、平和に且つ圓滑に捗って行くことか測り知れぬであらうと思ひます。

本書は、かくて朝鮮を知らんとする内地の人々に對し、その參考資料にもと編纂したものであります。併

し朝鮮の習俗といひましても、仔細に研究しますれば頗る多樣でありますので、この小冊子では只その大要

を摘記するに止めました。且つ一口に朝鮮と申しましても、一萬四千方里、内地本州大の廣さでありますか

ら、北境と南端と、東部と西邊と、都邑と村落とでは、それゞゝ多少の相違の存することを免れません。

で、本書は重に京城を中心として記したものであることを一言致しておく次第であります。

朝鮮の習俗

一、社會階級

—— 四つの階級 ——

朝鮮の社會階級は、明治四十三年の日韓併合前までは、兩班・中人・常民・賤民の四階級より成つて居りました。兩班とは文武の大官、若くは學德高き學者を出した家筋の正しい一族であまして、名門及び官吏さなるべき資格や、其の他の特權を持つて居りました。中人は或る限定せられた官職にあつたものゝ一族で、門地や教育が常民よりは稍々高いもの、常民は農工商を業こするもの、又賤民は常民の班にも入り得ない最下層のもので、白丁・奴婢・倡優・僧侶の類がそれでありました。尙ほ又同一階級のうちでも、職業に依つて高下があり、年齡の老若に依つても

上流邸宅

亦差別があつたのであります。そして、各階級に隨つて、冠婚葬祭は云ふまでもなく、衣服、住居、乃至は言葉の末に至るまで八釜敷い區別があり、嚴しい制裁がありました。例へば、賤民の住家は瓦葺にしてはならぬとか、常民は門構の家を建てたり履石に階段をつけたりしてはならぬとか、兩班は入口の正門を其の兩側の建物よりも一段高く拵へても可いとか、衣服に就いても、兩班は淡青色のものを使用するが、常民以下は色物の上衣を着けてはならぬとかいふの類でありま
す。斯樣な階級制度は、併合と同時に全く撤廢せられて、所謂四民平等となり、漸次に移風改俗の事實を見る樣になりましたが、何分長い間に植ゑ付けられた風

習ですから、根本的には未だなか〲脱けきれません。殊に地方に参りますと、舊風依然たる所も少くないのであります。

斯うして階級中、兩班がその最上に位し、又最も權勢がありましたので、その權勢の名殘さして兩班の言葉は、只今でも金持さか偉い人さかの意味に使はれて居り、又「お方」と云ふ位の敬稱さして用ゐられて居ります。ですからこの稱呼は誰に對してでも使はれ、又怒つて居る人夫が『おい兩班さう怒るな』と云はれて、ニッコリ和らぐ程の利目があるものこなつて居ります。

謎
山に瓢を伏せたものは　　　　　　　（墓　　）
々　此の山彼の山の松を食ひ盡す黑牛は　（溫　突）

二、一家の意味

――祖先崇拜―同族の圍結――

　朝鮮で一家（いっか）といふ言葉は、内地の親類と云ふのに當りますが、内容は親類と云ふよりも非常に廣汎な意味を持つて居るのであります。朝鮮では血統を同じうする者、即ち同一祖先より出でたるものは、どこまでも一家族であるとの觀念を以て之を一家と稱するのであります。それ故一家とは即ち一族のことで、内地の一家即ち一家庭とは可なり意味を異にして居りますし、又親類と云ふ範圍よりもズツと廣いのであります。隨つて子孫幾十百代の後になりますと、所謂一家は幾千萬人を算するに至るのでありまして、現にさうした實例も到る所に之を見るのであります。この一家には族譜と云ふ系圖があり、十年目なり二十年目なりに加除訂正が施されて、其の家系の持續と祭祀を絶やさぬ爲に、田畑等の基本財産をも設定してあります。これを宗田－宗中財産、門中財産などと稱して、宗會－門會といふ親族會の承認を經なければ、宗家といへども自由に之を處分することが出來ない定めになつて居ります。一般に祖先を尊ぶことは非常なもので、自分の祖先は、十數代乃至數十代前の者でも皆チャンと其の名を記憶して居ります。それ故、祖先の祭祀

　門の各家に鄭重に保管せられてあります。宗家は一族尊敬の中心でありまして、其の家系の持續

－ 4 －

は極めて鄭重なものであります。祭祀には祠祭と云つ
て祠堂で行ふものと、墓祭と云つて墓地で行ふものと
あります。墓地は又極めて大切なものとされ、若し墓
地がよくないと子孫が榮達しないと云つて、吉地であ
ればどんな遠方でも、山の中でも、力に飽かして選定
します。朝鮮で若し禿山や荒野の中に鬱蒼たる綠林を
見たならば、それは必ず某家の墓地のある所でありま
す。一族のうちに立身出世した者がありますと、一族
總ての名譽であるとして之を慶び之を誇りと致します
が、それと共に、出世した者は一族の者を扶助せねば
ならぬ義務を負ふのであります。そこで見も知らぬも
のまでが、一族であると云ふ關係から賴つて來て庇護

墓　　　地

を受けようこします。そして雙方こもそれを當然の事の樣に考へて居りますので、若しこうかし
て、賴つて來る者を全然取合はない樣な者がありますこ、その者は不人情者こして一門一族から
指彈されるこになるのであります。斯樣な譯で、同族間の相互扶助こいふこは能く行届いて
居ります。又單に同族間のみでなく、姻戚間に於ても斯かる風習のよく行はれてゐるのは感ずべ
きこであります。

一家卽ち同族間では、如何に遠い間柄であつても「同姓は娶らず」こ云つて決して結婚を致し
ません。之は血統の純潔を保つためで、儒敎に基いたものであります。それですから、萬一之に
反して同族間に忌はしき行爲がありました場合には、道德上恕すべからざる罪惡であるこ見做し
て、普通の姦通以上に之を賤しみ、他族の者までが之こ齒せざるのみならず、終には他鄕に放逐
するやうな制裁を加へるのであります。同姓を忌むこいふこは、單に結婚こ云ふ事のみでなく、
妓生（藝妓）等を召ぶにしても、その妓生が偶々自分こ同姓であるこ直に斥けてしまふ事なこも
ないではありません。

謎　々

四隅に紐の附いてゐるものは　　（風呂敷）

背に角の生えたものは　　　　　（交機）

三、姓と名のつけ方

——單姓—生先を祝福する兒名と行列法——

和服や洋服を著て、國語を話す朝鮮人は一寸見た處その容姿風體少しも内地人と變りません。この様に言葉や服装を共通にしたゞけで全く見分けの付かない位になるのですから、心ある人は成程内鮮人程近いものはない。兄弟こなるに至つたのもやはり自然であつたのだと氣が付くこさでせう。處がこの見分けの付かな

支　　機（負擔具）

い點を裏切るものがあります。それは朝鮮人の姓名であります。

内地人の姓名は「豐臣秀吉」とか「西郷吉之助」とか云ふ樣にその姓が二字以上、名も二字以上が普通でありますが、朝鮮人のは「金玉均」とか「朴大城」とか云ふ風に姓が一字、名が二字と大體に決まつて居ります。「南宮」「鮮于」「司空」「諸葛」などの複字姓もないではありませんが、それは極めて少いので、昔から之を稀姓と云ひ、多くは「金」「李」「朴」「崔」等の如く單字姓であります。そして名も、中には單字名を用ゐるものもありますが、多くは二字名でありますから、朝鮮人の姓名は一字姓二字名であると見ても差支ありますまい。

負戴の風

この姓名形式の由來に就いては、朝鮮人の姓名を見るとき支那人のそれと全く識別が付かない

位同樣である處からも察せられますが、之はその昔朝鮮が支那文化の影響を蒙ること著しかつた

頃、支那の姓名法をそのまゝ模倣したものであります。

姓の種類は現在全部で二百五十種に過ぎませんが、最も多いのは金、李、朴、崔、鄭、趙、姜

なぎであり、その數の多いものを大姓と云つて居ります。そしてその起源に關しては祖先が金の

櫃から生れ出たから金氏、鵲に緣があつたから昔氏、瓠の如き卵から生れたから朴氏(瓠を朴と

云ふ)と云ふが如く奇異なるところから起るもの、支那の箕準が移つて韓地に住んだから其の子

孫は韓氏を名乘り、箕子の子仲は朝鮮の于さいふ處に居つたので、その子孫は鮮于を姓としたと

云ふが如く地名からのもの、又技能、戰功等に依つて王から新に賜はつた所謂賜姓あり、血族婚

を嫌忌するところから改姓したもの、勢力ある氏族の姓を盜んだ盜姓、歸化人が在住者の大姓を

冒した冒姓、及び有名な支那人の後胤姓等があります。

朝鮮人同志が出合つて挨拶する時はお互に姓名を名乘りますが、その序に『私は全州の李氏で

— 9 —

す』こか『私は全義李氏です』こか、必ずその姓に地名を冠して申します。この地名は本貫又は單に本と云つて自分の始祖の住地を指し、同じ李氏でも始祖の異同があることを、これで識別するのであります。この本の同じい同姓は同本同姓と稱し、同一の始祖から出たものでありますから、お互に血縁關係があり、從つて相互扶助の義務があり、婚姻を禁じます。同姓不婚と云つても、それは同本同姓者間の事であつて、同姓でも異本ならば始祖が異なり、血縁關係もありませんから結婚しても構はない譯です。序に申しますが、朝鮮では結婚しても姓を變更しません。即ち金家の娘が李家に嫁しても、その嫁の姓は李氏とならずに、實家の姓をそのまゝ使用して金氏と云つて居ります。これは血縁關係を重するからであります。

名は體を現はすと稱せらるゝ如く、名がその人の運命を決定すると考へられるので、兒を有つた父母がその兒に命名する場合、惡名凶名を避け、良名吉名を選んでその兒の幸先よかれと希ふのは東西變らぬ人情であります。　朝鮮でもその兒が男ならば「壽男」「福壽」と云ふ樣に壽、福、富、貴、昌、達、德、吉等の字を、女子ならば「貴禮」「玉順」と云ふ樣に、貴、仁、貞、

順、禮、德、明等の極めて目出度い文字を組合せて命名し、或は「千石」（秋に籾千石を収納す
る身分の意）、「三達」（富、貴、壽の三つを達する意）とか、「伊粉」（容貌美妙）、「鳳姫」とか云
ふ物名に依つて好運を寓したものや、又は「夢龍」（龍の夢を見て生れた兒）、「京得」（京城に居
た時得たる兒）、「點福」（身體に福點ある兒）の如くその名に依つて事物を記念するもの、及び
「介同」（犬糞のこと、汚いものだから厄病神に取り憑かれず無難に育つを希ふ意）、「긴챤이」
（いらん者の意）の如く、大切に育てんが爲に却つて汚名を附し、之に依つて災厄を免れよう
するもの等があります。

以上は兒名の話ですが、中流以上の家では結婚前に今まで垂れて居た髮を結んでその上に冠を
著ける冠禮を行ひ、成人したことになりますと、それから兒名を棄てゝ冠名を呼ぶことゝ致しま
す。この冠名は親族の尊卑、親等及び同胞の序次を明示する文字を使用して命名するのでありま
して、父が基（土）ならば子は錫（金）、孫は源（水）、曾孫は相（木）、玄孫は煥（火）、次は圭
（土）とか、又父が學（子）ならは子は秉（丑）、孫は演（寅）、曾孫は卿（卯）、玄孫は振（辰）

と云ふ工合に五行、天干地支等を含む文字に依つてその尊卑を表はし、兄が參男ならば次は井男、次は圭男、或は長子が行夏なれば次男は行殷、三男は行周と云ふが如く、星宿名又は支那の古國名を以てその序となし、血族の同一階即ち（親等の同じき者）に當る者は、必ず同一の文字又は同一字をその偏傍に含む文字を使用して、親等の同列にあることを表示する樣に命名するのであります。

この冠名のつけ方は行列法と云つて、李朝の中葉頃から盛に普及したやうですが、つまり大家族制の下に幾組もの夫婦、幾代もの子孫が同棲したので、その尊卑親等關係を明にする必要からと、同族扶助の義務や同族服喪の禮儀を嚴重に遵守するためからであつたのでせう。只今では戸籍法が施かれて居りますから、兒名冠名の區別は無くなり、出生時に届け出た名がやがてその人の一生の名となる事になりました。が、美字を選定して命名することや、行列法を用ゐて命名することは少しも以前と變りがありません。

下から推し上げると舌を出すものは　　（錠）

天に向つて拳を突き出すものは　　（杵）

四、家　庭

—— 親の權力—子の孝養 ——

朝鮮では、祖父母、曾祖父母から孫、曾孫に至るまで、多數の家族が戶主を中心さして同一家屋內に住つて居ります。隨つて其の幾組もの夫婦が同居生活を營んでゐる譯であります。これは、朝鮮には隱居の制度がないのゝ、昔から早婚の風が盛であつた關係に由るのでなります。家庭に於ては、一番年長の父親が、絕對の權力を有つて居て、家族の者は無條件の服從を守つてゐるのであります。

朝鮮では儒敎の感化が可なり徹底して居りまする結果、孝の德が最も重んぜられて居ります。

親を尊敬し、孝養を盡してその心を安んずることに努め、子たるものは日夜孝養に心掛け父母の命令には絶對に服従し、苟も違背してはならぬといふことが幼時から、深く強く、腦裡に刻み込まれて居りますので、父母に對する態度は日常も不時の場合も至れり盡せりであります。例へば、晨省昏定の禮と云つて、朝夕必ず叮嚀に挨拶を述べ、父親の出入には送迎の禮を缺きません。子たるものが旅行、仕官する場合には先づ父母の許諾を受け、外出する時には行先を明にし、歸れば必ず之を告げます。父母の命令に口答へしたり、反抗したりする様なことの無いのは勿論、父母の行爲には決して是非を挾みません。ですから、兩親の陰口を

中流民家の土塀

する様な者さへも見受けられないのでありま
す。

　食膳に向つては父母に先だつて箸を執りませ
ん、父母の食事の終るまでは侍立、侍坐して行
儀を崩す様なこともありません。又父母の前では煙草や酒を絶對に喫飲致しません。或時、朝鮮
人の親子が打揃つて懇意な內地人を訪問しました。主人は珍客とばかりに、煙草、酒等を出して
歡待しましたが、如何に強いても子息の方は飲みも食ひも致しませんで、非常に迷惑顏であつた
と云ふことを聞きましたが、これは飲めないのでもなく、又主人へ遠慮したのでもありません、
實は吾が親の前を憚つたのであります。子に娶つた嫁は專ら父母の孝養に務めますので、子の嫁
と云ふよりも寧ろ親のために貰つたやうな觀があります。ですから、旅行其の他の事由で暫く家
を空ける様な場合にも、兩親を殘して夫婦揃つて出掛けることなどは滅多になく、何時も嫁だけ
は家に殘つて父母に仕へるのが例であります。若しも不幸にして父母が病に罹らうものならば、

方笠の喪人

男　日夜側を離れず、看護に懇切を盡すは勿論、危篤に瀕する樣な場合には、自ら指を割いて鮮血を

女　飲ましめるか、寒中に氷を碎いて鯉を捕つて差めるかと云ふ樣な支那の二十四孝その儘の事例

の　が、今日尚ほ乏しくないのであります。父母が亡くなりますと喪に服しますが、この喪期の間は

　　自らを罪人と呼んで人に接することを避け、外出には布扇か方笠と云ふ大きな笠を被つて顔を隱

　　す風も今猶ほ殘つて居ります。

謎　　　々

江では{ルビ:しづ}あるが魚の居ない江{ルビ:しづ}は

双龍爭ひ雲飛び星落つるものは

（便　器）{ルビ:よしがん}

（綿　繰　機）

五、男 女 の 別

—— 内外制—家庭の女子 ——

朝鮮では「男女別あり」と云ふことが嚴格に守られて居ります。ですから、夫婦の間柄であり

ましても、下層の者でない限りは、居室に内外の區別を設け、男は表の方に、女は内の方に、各

々部屋を別にしてあります。女の居る方は内房と稱し、表の方とは塀等で區切られてありまし
て、表の方からは直接に覗はれない樣になつて居ります。若しも内房に婦人の來客などある場合
には、家族の者たる男子でも、尚は遠慮して近寄らぬやうに注意を拂ひます。又親族の者でも、
極めて近い間柄の者以外は、内房から呼込まれない以上は決して内には入りません。一般に婦人
は、見も知らぬ男に對しては、顔を見られることへも恥辱としてゐる位ですから、如何に主人
と懇意な友人でありましても、之と言葉を交はしたりすることなどはなく、若し已むを得ざる場
合には、如何にも迷惑さうに、他所々しい態度で、極めて無愛想に應對するのであります。或
る内地人が、一日懇意な朝鮮人の宅を訪ねて行きました。ところが、生憎と主人が不在でしたの
で、要件を其の妻君に言傳しようと、内房の方へ言葉を掛けました爲に、遂に其の友人から交際
を絶たれたといふ例もあります。

の女子は十二三歳になりますと表の方には姿を現はしません。又親の監督が嚴重でありまして、
別、假令下層階級のものでも、娘一人で出歩くと云ふ樣なことはありません。そんな次第で、處女の

—17—

貞操は堅く保たれてゐるのであります。又一方には、處女を冒した男子は非常に排斥を受けるのみならず、其の女を引受けねばならぬといふ樣な制裁も有るのであります。斯樣な理由から婦人は餘り外出することはなく、多くは家内に蟄居してゐるのであります。勿論朝鮮の家庭では一日三度の食事は必ず其の都度溫める事になつて居りまして、冷めたいものは決して食べませぬし、それに、衣服が汚れ易い白地でありますのと、裁縫が一つ縫ひといふ面倒な仕立方でありますから、家庭内に於ける斯うした炊事、洗濯、裁縫の仕事に日夕忙殺されて、實際上から餘り出步くことが出來ないのであります。以前には、婦人が外出する場合、親戚

子負ひの風

や知人を訪問するときには、中流以上ですこ乘物で先方の内房まで乘付けにして、全然姿を見せなかつたものです。さうでないものは、長衣で顔を覆ふて、眼ばかり出して往來したものであります。しかし、この樣な風習も、近來妙齡の女子が學校に通ひ始めてからは段々こ廢れて來まして、往時の樣な家庭蟄居も少くなり、今日では長衣姿の婦人なごは稀に見る位じあります。たゞ併し、男子に對する態度だけは以前ご左まで變りがありません。こ云ふのは、男子に馴々しい言葉をかける樣な舉動は、今も尚は娼婦の仕業に等しいこの觀念に支配されて之を賤視してゐるからであります。斯樣なわけで、自分の良人に對してさへも無愛想な態度をこる者もないではありません。

謎々

鐵の釜竹の溫突鐵の煙出しは

撲てば撲つほど生きるものは

　　　　　　　　（煙　　管）

　　　　　　　　（獨こっき　樂く）

六、婚禮と葬儀

—— 年上の妻——屋根の上で魂まねき ——

結婚は冠婚葬祭四禮中の隨一として重大視されて居ります。月下氷人が男家と女家との間に往來して婚談が纒りますと、男家では花婿の生年月日時を書いた「四柱」と云ふものを女家に送り、女家ではそれを花嫁の「四柱」と合せて見て吉凶を判じ相性運星が合ひますと結婚の吉日をトしてこれを男家に報じます。男家でもその日の吉凶を相して結婚の前日に「納采」の遣り取りをします。この納采はつまり結婚申込と之に對する承諾證書の様なもので、これで婚約が出來たのであります。ですからこれを取交してからは破約の出來ないことは勿論、儀式を舉行しない前でも一方が死んだ場合には喪に服したり、女子は寡婦として取扱はれたりします。

儀式は先づ花婿の方から馬とか轎に乘つて女家に行き、持參した雁（普通は木彫のもの）を前にして花嫁の兩親や親類に花嫁と末長く階老の誓言を述べます。これを「奠雁」と申します。それ

が濟むと花婿は一旦自分の家に歸る、と今度は花嫁の方から男家に轎で乘りつけ、花婿の父母に酒を上り祠堂で祖先の位牌に禮拜して實家に歸ります。それから花婿は再び女家に行き其の夜は花嫁と共に寢に就きます。斯くて三日を女家に過した新郎は新婦を伴つて家に歸るのであります。

婚　　　行

從來の結婚は全く兩家の父母の取り決めで、當事者の意見は少しも認めない慣はしでした。父母の命に依つて定められたのであるから之に從ふのが當然とされて居たのであります。ですから夫婦になつて見てから嫌やな人と一緒になつたと思つても不孝の謗りを恐れて耐へ忍ぶといふ譯であります。

結婚が父母だけの間に決定される事も從來早婚の風のある朝鮮では無理もない事かも知れません。近頃は段々早婚が少くなつて來ましたが、それでも昔

通學校（小學校と同等）の生徒中に妻あり子ある者が現在猶は少くない樣であります。併し早婚と云つても、それは男子の事で女子の方には少いのであります、と云ふのは女子の嫁します年齢は、大抵十七八歳からでそれ以下は少いのですが、男子の方は十三四歳乃至十一二歳で新郎となるのが多いのであります。妻は年頃であるのに夫はまだ遊び盛りの兒童であるころから、時に夫殺しなど云ふ忌はしい事件が起る事もあります。

結婚の前に男子は冠禮、女子は笄禮と云ふものを舉げます。これは今まで垂れてゐた辮髪を結髪にし、男子はその上に冠を被り、女子は結髪に笄を挿す式で、

結 婚 式

此の式を舉げると何れも一人前の男女になつたことになるのであります。卽ちその由來は成年を表はす爲の成年式であつたのですが、近來は結婚式の前行儀式として舉げられて居る樣であります。

葬禮も亦重要な儀禮でありますが、殊に父母の葬儀を盛にしないと孝子と認められない、と云ふ觀念があるものですから萬事を顧みず儀式を盛大にします。

藥石と祈禱がその效なく死期が迫つて參りますと、淸水若くは重湯を匙で飮ませ、軈て息を引き取るや死者の手足を整頓し、この室に猫を入れない樣に注意します。死後五六時間經つてから「招魂」と云ふ事をやります。それは死者の平生着て居た着物を持つて屋上とか塀の上とか高い處に登り「何某何日何時に別世す」とその着物を打ち振りながら三度呼びます。それからこの着物を死體の上に掛けるのですが、これは死者あることを告げると共に、死體の靈魂を呼び戻す式だと云ふことです。招魂が濟むと七つの茶碗に御飯を盛り、その前に一足宛の草鞋を添へます。これは幽界から死者の靈魂を引取りに來る使者を接待する意味でこの飯を「使者飯」と云ひす。

—23—

葬　　列

ます。次で「小歛」と云つて、死體の手足や顏を香水
で拭き、七つの「無窮珠」を口の中に入れ、男子は
「額帽」と云つて白紙を額に貼り、女子は白粉で化粧
し、衣は着更へさせ、手に手袋を足には黑の鞋を穿か
せ「七星板」と云ふ板の上に仰臥させます。

喪主や親戚の者が「成服」と云つて喪服を着けまし
てから「大歛」の式を舉げます。これは死體に「壽
衣」と云ふ新調の袷を着せ、その上を十二ケ所麻で縛
り、長方形の寢棺に納めるのであります。

かくて三日、五日、七日と云ふ樣に死亡してから奇
數日の日に出棺しますが、それまでは毎日朝晚「上
食」と云つて、死者の生前好んだ食べ物を供へ、喪主

―24―

や親戚は「哭」をします。この哭は死者に對し悲しみの意を表はすのであります。さて出棺にな

りますと酒果を供へ香を焚いて哭をやります。これを「奠」と申します。愈棺が出る時、葬列に

は、女子はその夫以外從はぬことになつて居りますから、棺に取り縋つて泣き悲しみます。葬輿

は「輿丁」と云ふ人夫に擔がれ、その前後に喪主親戚知己竝に「方相師」、「哭婢」などが附き、

銘旌其の他の儀具を列ねて葬列を整ひ、葬送の途次輿丁と哭婢とは振鈴に和して哀音の哭聲を放

ちますが、出棺時の愁歎もこの哀哭も、共に死者に對する一つの禮になつて居るのであります。

前以て選定してある墓地に着きますと、永訣式を擧げて埋葬します。朝鮮では殆んど悉く土葬

で火葬は極めて稀であります。埋棺が濟むと、（神主）（位牌）を持ち歸り、これを家の祠堂に

祭ります。この神主は栗の木で作るもので、小祥（一年忌）、大祥（三年忌）間の墓祭以後之を

祠堂で祭り、五代目になりますと之を墓地に埋めてしまひます。

喪服は家族、親戚が、その親疎の如何に依つて三年乃至三ヶ月之を著けるので、その服にも麻

こか木綿こか、その地質、縫方等に可なり複雑な區別があります。

謎 々

口 が あ つ て も 言 ふ こ と が で き ぬ も の は （目下の者）

二人して白髪の爺を投げ飛ばすものは （手 拭）

七、言語と應對

— 自他及び男女間の言葉の差別—年長者尊重 —

朝鮮では、他人に對して目上の者を呼ぶには、必ず敬語を用ふることになつて居りますが、反對に、目下の者に對しては皆呼葉てに致します。縱令他人の子供でありましても「坊ちやん」「孃ちやん」なごこ云ふ敬語は用ゐる樣なこは致しません。まて一般に男は、女に對して相手が多少目下の者でありましても、叮嚀な言葉を使ふ慣はしになつて居ります。例へば妻の兄に對しては對等の言葉を使ひますが、弟の妻に對しては敬語を以てするこいつた樣な工合であります。之こ反對に女は、自分の弟の妻なり、その妻の弟なりに對しては對等語を使ひます。總て自分より

目上の者、又は年齢の高い者に對しては夫々の敬語を用ゐるのであります。然し近年は、男女學生間では身分の高下なごに依る言葉の差別は廢めまして、互に相當丁嚀な言葉を交換する樣になりました。又自分の親の親友なごに對しては、恰も自分の兩親に對する樣な態度で言葉遣ひを丁嚀に致します。

總じて年長者及び老人に對しては、假令相手の身分が卑くと、相當の敬意を表してゐます。自分の年より二倍以上の人に對しては、之を遇するこ父の如く、彼を尊長と呼び自らを待生と遜稱します。又自分より十歳以上の者をば老兄と尊稱し、自らをば小弟と呼んでゐます。目上のものゝ前では眼鏡も用ゐませず、飲酒喫煙をも憚る風があります。併し近來は、斯うした長幼有序の美風も、多少は弛んで來た傾があります。

長者を尊敬する反對に、幼少の者をば頗る輕んずる風があります。わけて未婚の男女は、年齢の高下を問はず、一人前の待遇をしないのが例でありますから、其の家の召使ですらも、主人の子女ー未婚のーに對して呼捨てにしたり、命令語を遣つたり致します。

謎

鼬が疊を咬へて楢の畑を往來するのは　　（手　習）

頭は竹籔體は麻畑足は田の中にあるものは　　（喪　人）

八、訪問と接客

—— 長幼序ありの應接ぶり ——

來客が自分より身分年輩共に目上のものでありますと、部屋の入口の外まで出迎へ、一層目上の者ですと門口まで出て敬意を表します。客に對しては、煙草を出して接待しますが、茶は出しません。若し客が懇意な間柄か、或は珍客でゝもありました場合には酒を饗應しますが、この酒は内地の茶菓の様に、極く手輕に用意せられるのであります。親しい間柄で、同一の身分年輩のものですと食事の時間には御飯を出しますが、それも一つお膳で、飯と汁とは別々にしますが、料理はみな主客共同にするのを御馳走と致します。酒は一つの盃で自分から注いで獻酬します御飯は主人が先づ箸を取り、客の食事の終るまでは箸を置きません。

—28—

初對面の人と挨拶する時には、姓名、住所を告げ、年齡、職業、暮らし向き等に就いての問答をします。若し同姓の場合ですと、その本貫卽ち祖先の出身地を告げ合ひます。此の問答に依つて上下の別が分りますので、互の態度なり言葉遣ひなりが改まつて來るのであります。

他人を訪問する場合には、非常に懇意にしてゐる者、或は平常出入してゐる者の外は、先づ其の家の門の入口で召使を呼び、主人の在否を問ふて來意を告げます。若し召使が居らぬ樣な家ですと、恰もそれが居る樣な言葉を使つて先方に敬意を表するのであります。殊に主人不在のため已むを得ず主婦と言葉を交はさねばならぬ樣な場

喫 煙 具

ありますこ、主人こ同列に坐りますが、同等以下ですこ、主人に向つて一段下手の左一右に斜めに着座します。若し一層主人この身分の懸隔が甚しいか、或は年輩に餘程の相違がある場合です、着座を勧められてからでなければ直立の儘で席に着きません。坐方は特に敬意を表する場合には端坐でありますが、其の他は多く胡坐、女ならば立膝であります。親の友人なり又同年輩の人なりの前では次の間に着座し、さもなければ其の前に起立して居ります。これは朝鮮に於け

坐　風

合には、客『何某が來たこ主人に申上げよ』主婦『主人は外出して只今不在ですこ云へ』こ云つた工合に互に直接語りながらも、丁度召使に取次をさせる樣な言葉の使ひ方をするのであります。

愈々部屋に通りましてから、若し自分が先方こ同等又はそれ以上の身分年輩では

る「長幼序あり」の美風の結果であります。一室の内では、内地の樣に、主客同ひ合つて着座する樣なことはなく、同室に他人が居つた場合には、主人なり知人なりから紹介がなければ、挨拶は俟て置き、禮を交はすこともしません、又行先きで馳走になつても、平常出入する家であるか、さなくとも普通の場合ならば別にお禮を述べる樣なことはないのであります。如上の風習などは、内地とは可成の相違でありまして、或は全く正反對になつてをる點もありますから、互に心して置くべきであります。

客問（舍廊）

謎
々

出入口なき一間の家に、黄氏白氏が同居するものは（鶏卵）

朝は四足畫は兩足夜は三足で歩くものは（人）

九、服　装

——地色の好みは單純色—冠履と附屬品——

朝鮮の在來服は上服と下服から成立つて居ります。上服は袷、綿入を져고리（襦衣）と云ひ、單は직삼（赤衫）と云ひます。何れも筒袖でありまして、長けは胴までが普通ですが、婦人のは少し短く、左襟と前身頃の胸に長い幅廣ろの紐が付けてありまして、右の胸脇で結び、その餘りを長く垂れるのであります。下服は袷、綿入をバ지（袴）と云ひ、單を고의（袴衣）と云ひます。これは丁度内地の股引樣のものですが、非常に寛かに拵へてありまして、上は腰紐で括り、裾口は婦人のは細く筒になつてゐるからその儘ですが、男子のは寛く作りそれを足頸に纒ひ、보선（襪）と云ふ踏ごみの深い足袋の上から紐でシカと括るのであります。

두루마기（周衣）は襦衣の上に着る衣であります。

形は筒袖の長着に似て居りますが、脇入を非常に廣くし、下方に至るほど擴がり、長さは脛まであります。これにも平紐がありまして、右の胸脇で結んで垂れるこきは襦衣と變りません。周衣は和服の羽織に相當するもので、男子の通常禮服として一般に認められ、外出には必ず之を着用することになつて居ります。以前は禮服の制がありましたが、今日は全く廢れてしまひ、喪中に喪服を着けるだけであります。

衣服の地質は木綿・人絹・麻・絹などで、地色は、下服には多く白物を用ゐるますが上服と周衣とには、灰、茶、水色などを用ふるものも少くありません。朝鮮の

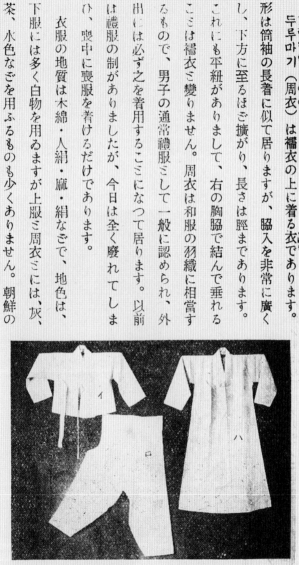

男　服（イ襦衣　ロ袴　ハ周衣）

人は自ら白衣族と云ふ如く、一般に白衣を尙ぶ樣であります。

兎に角、汚れ易い不經濟な白衣を用ゐて居ますのには、種々の理由もありますが、今日では全く朝鮮人一般の好みさなつて居るのであります。併し昨今は色服獎勵につれ、色物の衣服が可なり多く用ゐられるやうになりました。

女子は下服の内に、普通二枚乃至三枚の薄い下裙を穿いて居ります。それはみな白地で且つ單であります。そして下服の表には치마（裳）を纒ふのであります。裳には袷もあり單もありまして色物を用ゐるますが白地も少くありません。又裳には紐下に澤山な襞がありまして、下がズツと廣がりますので、形態に變化の美を與へますし、時に裾をすぼめてスラリとした容姿に見せること

女　裝

も出來ます。上服は男子のものと殆んご變りはありま
せん。地質も亦同樣でありますが、袖口をやゝ圓くす
ぼめ、襟や紐や袖口に赤・藍なごの變り色を附けま
す。春夏秋冬多く白地を用ゐるますが、色物の場合は流
石に華やかで、一般に濃厚なものが悦ばれます。周衣
は男子の服裝でありましたが、近年は京城其の他の都
會地では女子も冬季に限り着用する樣になりました。
女子が外出する時には、以前はチャンオッ（長衣。）と稱す
る被衣を以て顏を覆ふのが習ひでありましたが、昨今
は都會地なごでは、殆んご廢れてしまひました。併
し、地方には、尚その風を殘して居る所もありまし
て、時には裳を長衣に代用してゐるものもあります。

履　物

江邊の洗濯

冠禮を行つた男子は、髮を結んで、その上に笠(かさ)を稱する冠を戴くのであります。併し近來は斷髮するものが增加してまゐりましたので、都會地では冠よりも中折帽が多く見られます。たゞ地方村落に行きますこ、斯うした裝ひの大人達に出會ふでありませう。未婚の女子は辮髮の末尾に紅布を結び垂れて居ますが、結婚しますこ髻を後頭部に結び、赤い手柄を卷き金や銀なごの棒狀簪(ぴな)で止めます。一般にはかぶり物を用ゐず年寄つた者だけが冬季防寒帽を使ひます。

履物には신(えん)こ稱するものがあります。一種の淺い靴でありまして、底は革、緣は紅綠に彩つた布で造り、裏に鋲釘を打つたものであります。地方村落では大抵

藁または麻で拵へた「鞋」を穿きます。近來ゴムで造つた신が到る處で用ゐられるやうになりました。雨天には木で造つた船形の「木履」又は革製の靴を履きます。

この木履は自然木をくりぬき裏に二枚の菌を殘した顔る頑丈なもので素朴な恰好をして居ります。

附屬品には豆수（吐手）舌어니（囊）等がありま
す。吐手は腕貫に類するもので、袷、綿入、毛皮製等があり、冬は防寒用に致しますが、夏用のものは藤又は馬毛を編んだもので、袖口に汗が染みるのを防ぐのであります。囊は卽ち巾着で、中には金錢、燐寸、小刀等を入れ、単匣さ云ふのは紙製で刻み煙草を入れるのであります。何れも腰に佩びる習ひでありまして、

砧　　　　打

—37—

この外に眼鏡入等も佩びてゐます。女子は概ね指輪を嵌めて居ますが、かまぼこ形二重輪の太い在來ものを用ゐて居る向も少なくありません。

入浴は滅多にしない上に白い衣服を常用するのですから、衣服は始終洗濯しなければなりません。洗濯は衣類を一々解いて汚れは敲いて去り、乾いたものは糊を付けて砧に掛けて光澤を付け、そして再び縫ひ上げるのですから、可なり手數が掛ります。

一〇、飮　食

—— 副食物としての漬物—調味料としての唐辛 ——

朝鮮は昔から米が澤山出來ますので日常の主食物は米飯ですが、小豆飯・麥飯・粟飯なども多く用ゐられます。副食物は、肉類・魚類及び野菜類等を調理したもので、味をつけるには味噌・

醬油の外に必ず苦草（とうがらし）を多く使ひます。田舎の藁屋根の上に眞赤に乾してあるのをよく見受けますが、これが皆調味料に用ゐられるのであります。朝鮮食で外來客の味覺に最も深く印象づけるものは、この苦草のからさと、キムチーと云ふ漬物のうまさとでありませう。

調理法は汁物、煮付の二種ありまして、油で揚げたものも食べますが、酢の物は一般に嗜好しません。

召치（キムチ）は朝鮮漬物の隨一で副食品中また最も主要なものであります。從つて如何なる程度の家でも二三甕を漬けない者はなく、うまいキムチを客に賞味して貰ふのを家の誇りとする位であります。材料は白菜又は大根で、之に鹽・苦草・ねぎ・にんにく・せり・生薑・松

漬物置場と厨房

の實・栗・梨・昆布・鹽漬の石首魚・明太魚・牡蠣なごを入れ、大きな甕に漬けて蓋をし、冬は土中に埋めて氷結を防ぐこ云ふ大變念の入れ方ですが、然しかく念を入れるだけに、よく漬つたものは山海の珍味渾然こ融け合ひ、その風味こ云ひ色合こ云ひ、蓋し朝鮮食中の王座を占むるものでありませう。

酒類には在來のものに火酒・藥酒・濁酒がありますが、近來、宴席等では正宗・洋酒等を用ゐる様になりました。茶は一般に愛飲されません、だから來客の接待にはお茶の代りに必ず煙草を勸めます、煙草は男女共に嗜好する風があります。煙管は竹の長さ三尺もあり雁首の火皿はマドロスパイプ位大きく、一ぷく喫ひば澤山になります。

器皿には眞鍮製のものこ陶磁器こがあります。膳は脚付の高膳で、飯は匙で又副食物は眞鍮の箸を用ゐますから、膳の上には必ず匙こ箸こが載せてあります。飯はサパル（丼）に山盛にし、只一碗だけで、幾碗も易へる事をしません。ですから客に對しても給仕の必要がありません。又食事の度毎に溫いものを作り、絕對に冷飯を食べません。食事は朝・晝・晩の三食で、食後には茶を

飲まずに、飯を炊いた後の釜に水を入れて温めたここ
ろのお湯を飲むことにして居ます。朝鮮では朝飯を主
こしますので、副食物の數も朝が一番多いのでありま
す。

謎々

上には田があり、下には川がある字は　（用）

火の付いた木に鳥の止つてゐる字は○○（秋）

二、住　居

── 男女有別の構造と間取 ──

冬の寒い朝鮮の住宅は一般に冬本位に造られて居ま
す。

家屋は概して、その構造鍵の手式か並列式かの木
造平屋建でありまして、外壁は土と石とを混じて内壁

食　膳

は土だけで塗り、室内は紙を張つてあり。戸は出入の出來得るだけ明け、窓は殆んごありません。二階屋を造らないのは外にわけもありますが、主な理由は、冬季煖房裝置の關係からであります。煖房裝置は溫突ミ云ひまして、屋根は普通瓦葺・草葺でありますが、地方によつては石又は木皮で葺くこころもあります（口繪參照）床下に數條の火坑を築き、その上に板石を並べて床ミし、その床上を土で塗つて平にし、更にその上に幾重にも油紙を張つて絶對に煙の漏るゝのを防いでありまず。夕方燃料を焚口に投じて置きますミ、火氣が火坑を通じて煙突に逃れ行きます際に、石床を暖めて終夜屋内をして程よき溫度を保たしめる裝置になつて居り

農　家

ます。これは朝鮮の家屋に最も適した暖房装置であります。

家屋の構造間取は外舎と内舎とに區別することが出來ます。外舎は中門の外にあるのが普通でありまして之を舍廊と云ひます。男子の居室でありまして又客室にも充て、傍に婢僕の居室もあります。内舍は中門の内に在りまして内庭を控へてをります。

内房と云ふ婦人の居室の在る處でその傍には厨房（或は物置）等があります。斯樣に男女の區別を嚴にせる構造でありますから、女子は自然外來の男子に面接せぬのみならず、家族の者でも男子は女子の室に入りませぬし、女子も亦男子の室を窺ふことをせぬのであります。併し近來は大分に開放的になりました。

溫突煙突出し

内舎の内には板間の一室があります。之を大廳又は廳事と云ひまして、主に食事の用意、夏時の食事、女子の裁縫、或は慶弔の儀式を行ふ所となつて居ります。

祠堂は先祖四代迄の神主（位牌）を安置する所であります。別棟又は別室に設けるのが正式でありますが、近來は段々と簡略にする傾向になつてまゐりました。

以上は間取の概要でありますが、兩班の階級又は富者になりますと、中々に複雑で房數等も非常に多いのであります。これは大家族を誇りとする風から、一家の内に幾組もの夫婦とその子女が同居して居りますの

内　　　房

さ、食客の多いのを誇こするので、隨つて奴婢も自然多數なのそで、これに充つる夫々の室を妥するからであります。

朝鮮の家屋は、冬季保溫の點申分ありませんが、間か狹く且つ採光が充分でないので、室内裝飾も充分に施すこが出來ません。即ち床の間も押入もなく、客間ならば山水の小さな掛物を壁にかけるか、内房ならば綺羅びやかな衣裳籠笥を並べて光彩を添へるのが普通であります。屋外の裝飾には、門扉や柱に壽山福海・立春大吉こかその他佳句麗辭の對联を紙に書いて貼るか、外壁に色瓦で花模樣をつける位のものでありますが、只藁葺屋根の見すぼらしさに比して瓦屋根の上反勾配だけは崇高な外觀を呈して居ります。

謎

々 ────────

十八の子は何の字か　　　　　（李　）

一尺一寸の家は何か　　　　　（寺　）

一三、祭祀と祈禱

── お産した家で〆繩─石を磨つて子祈り ──

　朝鮮の祭祀は釋奠祭、洞祭、家祭などがその主なるものであります。釋奠は支那の孔子を文教の神として祀つた「文廟」（これは京城は勿論、各郡に祀つてある）の祭奠であり毎年春秋二季に舉行されます。洞祭は内地の鎮守祭りの如く一部落の守護神である洞神を祀る祭禮ですが、内地に行はるゝが如き氏子連が寄り合つて御輿を擔ぐとか、其の日は村内舉つて祝意を表するとか、所謂「お祭り騒ぎ」と云ふ様なものはありません。古記録には内地のお祭りに似寄つた祭り方もあつた様に載せてありますが、只今では洞内に住む四十以上の男で、出生や喪の汚れのない清淨な人一人を祭主として選び、この祭主一人が幾日間を精進潔齋し

釋　奠　祭

て祭りをするので、村中の者が集つて祭るこ云ふ處は極めて稀であります。そして若し祭りをした後、何か村に災害があつたり、疾病が流行したりする事があれば、祭り方がよくなかつたと云ふので、再び洞祭の祭り直しをするこになつて居ります。

家祭と云ふのはつまり祖先の祭りであります。祖先崇拜の念強き朝鮮では、祖先の祭祀をすることが家を治むる要諦と考へ、戶主の第一のつとめはこの家祭にありとされて居ります。家祭は祖先の神主を祠堂に安置し、正月元旦を始め各節日毎に祀る祠堂祭・寒食・秋夕お墓に參つて祀る墓祭がその主なるものであり、尚は告祀と云つ

草 偶 人 （蒭人形）

厄年の人は正月十四日の夜こと腹部に錢を入れ之を厄負はせ自分の身代りにより藥にて捨てる。

て春秋二季に家宅の神を祭ることも致します。

　朝鮮でも『崇り』と云ふ信仰が深く普及して居りまして、災害や、疾病や、不幸、不運なんでも之を悉く何かの祟りと考へる風が決して尠くありません。この祟りをなすものは一般に『鬼神』と呼ばれて居りますが、この鬼神にはその種類が極めて多く、天神、地神、山の神、川の神、人の死靈、禽獸、蟲魚の怪、岩石草木の精等その數幾程あるかわからないのであり、そして之等の鬼神は何處にでも居るのであります。人がこの鬼神に祟られるのは何か不敬の事をして鬼神を怒らせるか、元氣をなくしてその弱身に付込まれるか、又はその鬼神の方から何か求むるところがあつて襲ふこ

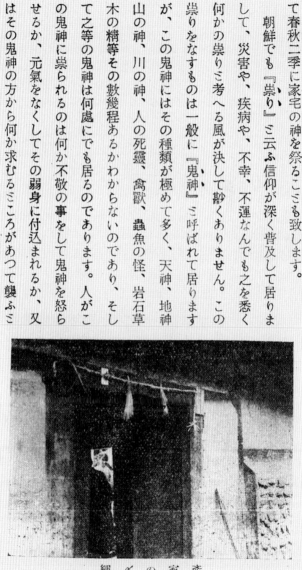

産 家 の 〆 繩

かでありまして、この祟りを防ぐには鬼神の居る様な處へ近付かぬこと、不敬に渡らぬやうにすること、元氣をなくしないこと、もしどうしても近付かなければならぬ時には、何か鬼神の好みさうな品物を棄てゝ取り憑かれない様にするか又は各種の禁厭をしてその侵入を遮斷するのであります。例へば山坂の幽藪を通る時には紙片・布片を幣代りに上げるか、何も持たない時には、古わらじ石塊、或は唾を吐くなどの禁厭をしたり惡疫の侵入を防ぐ爲に村の入口に天下大將軍と云ふ偉大な面を刻んだ木を立てるとか、傳染病流行の時など〆繩を張り、

盲 人 の 祈 禱

踏臼の杵を立てるとか、蒜や唐辛子を門戸に吊すとか、松枝や荊のある木を立てるとか致します

又お産のあつた家では三週間位門戸に左綯の繩に炭、松葉、唐辛子を挿んだ〆繩を張つて惡魔の侵入を防ぎます。

さて運惡く何かに取り憑かれたと思ふ時には「ちやんにむ」と云ふ盲人に何の祟りか占つて貰ひ、それが何鬼神の祟りと決まればこの盲人か又は「むーだん」と云ふ巫女に祈禱して貰ひます。盲人は按摩や鍼が本業でなく、かうした占卜や祈禱が本職であり、巫女は神の使女より鬼神に對する祈禱を專業として居るものです。盲人の祈禱は經文や呪文で取り憑いた鬼神を威嚇して退去せしめるのであり、巫女のそれは先づ口寄せをして鬼神の希望を聞き、その希望に添ふ様に供物

巫女の祈禱場

をするとか、舞樂で慰藉するとかして、鬼神の御機嫌を取つて退いて貰ふのであります。

幸福を祈る祈禱の中で、最も普通なものは「雨祈り」と「子祈り」でせう。雨祈りは毎年夏季旱が續いて農作物が枯死する樣な時には何處でも行はれるのでありまして、部落の代表者が山上又は淵・川に臨みて天神に雨な祈り、同時に龍神に犬の血さか豚の頭さかな供へます。これは犬や豚が不潔なものですから龍神が怒つて、この不淨物を洗ひ去る爲に雨を降らすこ云ふまじなひであります。この雨祈りに

祈子石佛

は變つたものがあります、それは神聖視されて居る山上に屍體を埋めますと、その屍體の血族は富貴榮達しますが、その代りに山神が終つて雨を降らさないと云ふのでこの山の附近の部落民はこの山に墓地設定を禁止して居ます。そこで暫く雨が降らないと村人は誰か私かに墓を作つたものはないかと山巡りをやり、もし新設の墓地を發見しますれば村民一同して之を發掘してしまひます。時にはこの發掘で墓地設立者側と村民との間に、血の雨を降らす樣な事もないではありません。

多子（男の兒）を家運增進と心得て居る朝鮮では子祈りの風が仲々盛んでありまして、嫁して一二年、子（男兒）なき婦人は必ず子祈りを始めます。最初は家內に祀

（祈子岩（白點は石を磨つた痕）

る産神に祈り、子を多く産んだ人の下衣を貰ひ受けて腰に巻くとか何とかのまじなひをしても効がないとなれば、山寺の佛樣とか、石佛とか、山中の大石とか、大木、大池等に對して祈願を始めるのであります。祈り方は、寺などでは寺僧に祈禱して貰ひますが、石佛や大石などに祈る時には手頃の小石を以て佛の座石や、大石の腹部を磨り、それがピタリと付いた時、誠心が通じて願が届いたのだと云ふのが普通であり、大木や大池等の場合は供物を供へて數時間默禱するのであります。

この「子祈り」に類したものに「收養子」の風があります。生れつき弱い兒とか、大切な一人子だとかは、難なく育て上げたい處からその子を神か人に養子にするのでありまして、神の養子とする場合は大木とか大石とか頑丈で容易に消滅しないと思はるゝものを選んで養親とし、人の場合は下賤の人、例へば僧、巫（女巫）覡（男巫）などに頼んで親となつて貰ふので、斯くすれば大木や大石の靈が自分の子として守護して呉れ、下賤な人の子となれば自然その子も丈夫で育つと云ふのであります。養子にしたからとて、其の子を先方に渡す譯でなく、やはり自分の手許で

育てるのでありますが、以後はその養親を實親の如く見做し、その兒が生長してからも實父母と同じく『父母』と呼び、猶は養親が大石や大木の場合には之に『父母』として仕へるは勿論、石こか木こかそれを記念する文字を兒名の中に加へて、長くその恩を忘れない事と致します。

<pre>
　謎　　々
　　　風に鳥が飛んで來て、蟲を食ひ盡した字は　（鳳　）
　　　母が冠を被つて蛤を拾つてゐる字は　　　　（寶　）
</pre>

一三、娯樂と趣味

—— 姫御前のブランコ＝目出度い飾り紋樣 ——

從來朝鮮の家庭は、子供を遊ばせる處でなくて寧ろしつける處とされて居ましたから、玩具なごの娯樂品はなく、遊ぶこすれば戸外で、遊びこしては男の子は獨樂まわし紙鳶揚げ、女の子は超板か、ブランコなごが最も普通なものでありました。獨樂は핑子と云つて、圓い木の上を切り

下を圓錐形にした一寸二三分高さ二寸五六分位のも
ので、之を廻はすには一寸手で廻はし始めて、それ
からは一尺位の棒の先三四寸の紐をつけた鞭子（ぴんぐ）
（むち）を手に持ち、この鞭を振つて廻り始めた獨樂
の側面にその紐を打ち當てゝ勢を付けます。打見た
こゝろ内地の「しやぎごま」に似て居ますが、廻る
時音を立てないのゝ、廻し始め紐を巻き　て、擲
たないのゝが違ふ様です。紙鳶は凧と云つて内地の
それと大差ありませんが、四角張のものはその中央
に圓い穴を開けて置くのが普通です。超板は널こ云
つて五六尺の板を木か藁かの枕になるものゝ上に載
せて、その兩端に一人づゝ乘つて、互にハヅミを付

板飛び遊び

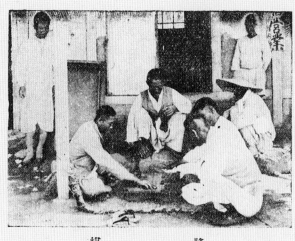

将　棋

けながら飛び上るので、中には怪我をしない樣に綱を張つてその綱に摑まつてする者もあります。　鞦韆 (ぶらんこ) は건네で、端午の節句に、いつも家內に閉居して居る婦人達が此の日を『鞦韆デー』こして野外の空氣を滿喫して遊ぶものですが、多くは大きな樹の枝に十數尺の繩を吊つて飛び、高く揚がるのを誇りこして居ます。

此頃では「鬼ごつこ」、「かくれんぼ」「十步遊び」なざ各種の遊びが內地の兒童達から傳はりまして、朝鮮兒童の遊び事は益々多くなつて來ました。　學校へ通ふ兒童の數はまだ學齡兒童のほんの一部にしか過ぎませんが、此等の兒童が他の兒童こ遊ぶ時には、何時もリーダこなるので、學校遊戲が汎く普及されて居りま

す。

　大人の娯樂としては之と云ふ定まつたものはありませんが、大部分はその身分と年齢の如何に依りまして夫々異なつて居ます。學問の出來る老人達は相會して詩を作り合ふとか、書畫を揮毫するとか普通であり、老壯を通じて圍碁將棋が廣く行はれ、上流の間には弓射に興する者もあります。概して云へば各階級を通じて飮酒と雜談とが最も普及した娯樂でありまして、それが爲め飮食店の數は人口に比例して驚く程多く繁昌して居ります。

　民衆娯樂の機關として近頃都會地には活動寫眞館、劇場なども出來ましたが、活動寫眞は兎も角として演劇はまだ〱民衆の愛好するものとなつて

豐　年　踊

居りません。斯ういふ機關のない田舎では綱引とか角力とか豐年踊りなどに依つて單調な暮しを慰める者もないではありませんが、この催し物は年に一回とか二囘とか定まつて居りますので、平生の娛しみとしては月六囘、五日目毎に開かれる市場に出かけて、口腹の慾を充たし珍らしい話を聞くより外はありません。田舎ではこの市場が今の處唯一の民衆娛樂機關であります。

朝鮮人の好む緣起。物象に依るものは少い樣です。今其の一二を申しますれば、朝鮮ではどんな家でも立春の日、その門戸に新しい白紙に次の樣な文字を書いた「對聯」と云ふものを貼りますが、これはこの文句に依つて家

市場の飲食店

立春對聯

の緣起を祝ふのであります。卽ち其れは
『否往。泰來』『壽如山。富如海』。『立春
大吉。建陽多慶』。『掃地黃金出。開門萬
福來』。『一春和氣滿門楣。一振高名滿帝
都』。の樣な佳句麗語を聯ねたものであり
ます。それから簞笥や家具の裝飾金具に
多く蝙蝠や卍字の紋樣を、又袋物や、衣
類、裝身具等に壽、福、囍、喆、貴、德、
等の文字紋樣を用ゐますが、その何れも
之等の文字の含む目出度い意味を祝福す

る緣起であります。物象紋樣では蝶が汎く用ゐられますが、これも蝶は多く產卵しますので「多
子」をあやかつたものです。
色は一般に白色を好むと云はれて居ますが、上下貧富を通じて最も多く用ゐる服色が白で、朝

雅　樂　器

鮮人自ら「白衣人」と稱して居る位ですから、或はこの白色に特別の愛好があるのかも知れません。白以外の色物は赤とか青とか黄とか概して單原色のものが多く用ゐられ、鈍い色や澁い色は殆んど使はれません。斯うした色や黒つぽい色は卑しい感じがすると云はれて居り、兎に角鮮麗な原色や、濃厚な對色配合が好まれて居る樣であります。これは服裝だけの事でなく色彩を施したものならば器具、建築何れにも同じことであります。

　音樂に就ては、從來紳士の手にし口にすべきものでないやうに考へられて居ましたので、その趣味は一般に發達して居ない樣ですが、兩班階級を除いた階級間には相當に普及して居ります。概して云へば器樂よりも聲樂を好み、演奏上より云へば聲樂が主奏で器樂は伴奏の地位

にあります、即ち器樂だけ獨立して演奏されることは殆んざない樣です。

歌謠には春香歌、愁心歌、西道雜歌。南道短歌、巫女歌（からく）、及びアリラン歌なざ云ふ民謠の種類が澤山ありますが、何れもその柏子は緩やかで、そのリズムは陰旋法でありますから、平和な感じ、哀愁の感じ、諦めの感じ等が、その主調をなして居り、鼓舞、激越の氣分を惹起するものは極めて少數であります。樂器は雅樂器三十餘種もありますが、此は李王家の所藏に掛り民間に使用せられるものは伽倻琴、洋琴、長鼓、短簫、こむんご、胡笛、笙等の數器に過ぎません。近來の樂器ではヴァイオリン、ハモニカ、セロ、オルガン、ピアノ等の洋樂器がチョイ〳〵弄ばれ、歌曲では內地に

妓生の舞

流行したものが鮮語に飜譯されて盛に普及して參りました。

謎 夕方に占ひに行くのは何の字か

　　冠をつけた女は （　外　）

　　 （　安　）

一四、年 中 行 事 （陰暦に依る）

〔 正 　 月 〕

元旦。一年中の最も大切な日なので、家内一同が早起して祭饌と雑煮とを調へ、祠堂（祖先四代までの神主即ち位牌を安置せる所）に供へて禮拝を致します。之を正朝茶禮と云つて居ります。新年には（大抵一日から十五日までの間）老幼男女が皆新らしい衣服を着けます。之を歳粧。と稱して居ります。長者は家に居て子女や親戚からの年賀を受けるのであります。子女は自分の家で禮を畢りますと次には歳拝と云ひまして、師長又は親戚に年賀に廻ります。歳拝を受けた者は、俗に歳拝錢と云ひまして、子女には若干の金錢を與へ又一般の歳拝者には酒食を饗するのが例であります。

十五日を上元と云ひまして、當日は藥飯を食べるのであります。藥飯は一に藥食とも云ひまして、先づ糯米を蒸し、これに松の實・栗・棗・蜂蜜及び醬油等を加へて更に蒸したもので、一種の風味を持つて居ります。上元の朝は燒酎又は藥酒を一杯飲むことになつて居ります。これは耳の聰くなる樣にとの意でありまして、そんなところから此の酒のことを俗に耳明酒又は牖聾酒とも云ふのであります。

上元の朝を嚼癤と云ひまして、栗・胡桃・松の實等を嚼碎く風習があります。一年中腫物が出來ないと云ふ傳說に基いたものであります。これは栗・胡桃・松の實等を俗に旦을と云ひますので類似の腫物に結付け

歳　　　　拜

たのであります。また齒を強くするこも言ひ傳へて居
ます。

　上元の日は、夕方から炬火を持つて高處に登り、月
の出るのを待ちます。之を月迎こ云ひまして、人より
先きに月を見たものが吉運させられるのであります。
又月色を見て其の年の豐凶を占ふのであります。卽ち
赤きは旱、白きは水、濃きは豐、薄きは凶こするので
あります。

　上元の夜は踏橋こいつて橋を渡る習ひになつて居り
ます。年中健康で足の病に罹らぬこいふ說に因るので
あります。これは朝鮮語で脚こ橋この音が同じである
所から斯く附會したものこ思はれます。

嚼　　　　醊

〔二　月〕

立春の日は、都鄙を問はず家々の門の板戸に、或は柱に、吉意の文句を白紙に大書して貼付けます。例へば「立春大吉」「建陽多慶」「愛君希道泰憂國願年豐」「天增歳月人增壽春滿乾坤福滿家」なごの類であります。尚ほ一月には男は紙鳶を揚げ、女子は跳板の遊びを致します。室内遊戯に栖と云ふものもあります。栖と云ふのは直徑一寸程の圓木を五寸乃至七寸の長さに切り一面を平たく削つたものを四本作り、之を投げて、四本の內上向になつたのが一本なれば一點、二本なれば二點、‥‥四本なれば四點、四本共に下向になれば五點と數へて競爭するのであります。

踏　　橋

二月一日は天井並に家屋內外の掃除日であります、又草葺家には馬陸が發生しますので、紙片中に「香娘閣氏速去千里」なる八字の呪文を書いて、天井や棟木に貼附けます。香娘とは美しい處女の意、閣氏とは令孃の義でありまして、馬陸を良家の子女に喩へて敬遠するのであります。

また一日には松餅を食べることになつて居ります。作り方は先づ粳米粉に湯を注ぎ、捏ねて卵大の皮を作り、次に小豆又は靑豆の餡を入れ、蒸籠に松葉と交互に並べて之を蒸します。蒸し上げれば水で洗つて松葉を去り、胡麻油に浸して食べるのであります。往時は、此の日に奴婢に對して其の年齡と同數の松餅を與へたものであります。それ故、俗に此の日を奴婢日とも云ひます。

六日の黃昏、月光が未だ微かな時に、參星（二十八宿の一たる星）と月との位置を見て其の歲の豐凶を占ひます。之を參星占と云ひます。參星と月と同行すれば豐凶相半ばし、參星が前なれば凶、後なれば豐と定めるのであります。

寒食は冬至後百五日目を云ひますので、二月になる

こともあり、また三月に入ることもあります。當日は

先祖の墓地に詣つて墓祭を行ひます。四名節の一で、

秋夕（八月十五日）と共に大切の日とされて居りま

す。

三月三日を重三と云つて花煎を食べます。之は糯米

粉に湯を注ぎ、適當の大きさに圓めて輪切りとなし、

躑躅の花を附けて油で揚げるのであります。この月は

花笑ひ鳥歌ふ和暢の好季節なので、都人は酒食を携へ

て樹下に遊賞し、詩を賦するもあれば、兒童等は柳笙

（えん）を弄ぶ者もあります。之を名も相應しい花遊と稱して

行ひ居ります。

大　道　易　者

観　燈

〔四　月〕

　四月八日は釋迦の誕生日で、之を浴佛日と稱して居ります。當日は士女共に衣裳を着替へますが、特に兒女は八日粧と云つて盛粧を凝らして遊ぶのであります。又此の晚を燈夕と云ひまして、夕刻になりますと、戸毎に紙で造つた燈籠に火を點じます。そして男女は競ふて高い所に登つて之を眺めるのであります。觀燈と云ひますのは之を指すのでありまして、もと開城が本場でしたが、今は京城でも盛に行はれて居ります。

〔五　月〕

　五月五日の端午には、兒女は菖蒲を入れた湯で顔と

頭髮を洗ひ新衣を着るのですが、之を端午粧と云つてゐます。又少女は菖蒲の根で作つた簪を頭に挿みます。斯くすれば疫病を除けるこの傳説に因るのであります。この日には艾餅を作り、祠堂に供へて茶禮を行ひ各自も之を食するのが例であります。尚都鄙を通じて、婦女子はこの日盛に鞦韆の遊戯を致します。

〔六　　月〕

六月十五日を流頭と云ひまして、水團子を食べる例になつて居ります。水團子は、糯米の粉に湯を注ぎ、蒸して棒状に圓め、之を輪切りにして冷水に沈め蜜水に浸して用ゐるのであります。

三伏中は炎暑が殊に甚しいので、酒を携へて溪流の

ブランコ遊び

遼なる所謂水榭或は山亭に行きまして、詩を賦したり盃を交はしたりして一日の暑を忘れるのであります。

そして時々下り立つては清流に足を冷やしますので、之を濯足等と名付けて居ります。又此頃は山間の清水を藥水飲みと云つて盛に飲み遊びます。

〔七　月〕

七月七日は所謂七夕でありまして、牽牛・織女の二星が相逢ふ日こせられて居ります。當夜未婚の女子は、この二星を拜して裁縫の上手になる様にと祈ります。又鵲は銀河に橋を架け様こして悉く上天して地上には居らぬこ云ひ傳へられて居ります。この日は衣服や書籍を日光に曝して蟲の害を防ぎます。　書籍の蟲

藥　水　飲　み

干をするのを曬書と名付けて居ります。　又當日は、祭饌を調理し、祠堂に供へて禮拜を致します。

十五日は中元又は百種日と稱し、又白中節とも云ひまして、僧尼・道俗齊しく齋を設けて佛に供養し、寺院に詣でるのであります。此の日に、南鮮地方では、若い者に角力を取らせて優勝者には牛を賞として與へるのが習ひとなつてをります。

〔八　月〕

八月十五日は秋夕と云ひます。此の日は寒食と同様に墓祭を行ふのであります。墓地の雑草を刈るのを伐草と云つて居ります。此の日は所謂中秋に當りますので、明月を賞でて夜の更くるを忘れるのであります。秋夕は農家の名節なので、新穀を以て酒や餅を造り、或は種々の食物を調理して、一家團欒、食膳に對して一年の勞苦を忘れるのでありまして、農家八月仙といふ言葉があある程であります。地方に依つては、當日に歌舞・綱引・角力などを致します。

〔九　月〕

—71—

九月九日は即ち重陽の節日で、また重九さも云つて居ります。都人は郊外に出でて紅葉を賞し、文人墨客は黄菊を酒に泛べて詩を賦したり古詩を吟じたりして、一日の清遊を恣にするのであります。この日には亦菊花煎を拵へます。三月三日の花煎さ同様のもので、たゞ菊花を以て躑躅に代へるのであります。

〔十　月〕

寒食・秋夕の外に、十月中の吉日を選び、一族が多数集つて墓地で先祖の祭祀を致します。之を時祭さ云ひまして、日は丁日又は亥日を吉さしてあります。朝鮮では、先祖四代までを住家の祠堂に祀り、五代以上は神主を埋安してある墓地で、この時祭を行つて祀る

墓　の　手　入

定めになつて居るのであります。

又この月に家神を祀ります。之を告祀と稱し、城主（家神）・基主（宅地神）などを祭るのでありまして、糯米の粉に湯を注ぎ、次に小豆を加へ、蒸籠に入れて蒸した餅を供へます。告祀の日は戊の日、午の日を吉日ごして居ります。

又此の月は漬物月でありまして、丁度此の頃が大根や白菜の出盛ですから、朝鮮食に缺くべからざる副食物の沉菜漬には各家庭こも多忙を極めます。

【十一月】

冬至を亞歳ご云ひます。此の日は小豆粥を作り、團子をこれに交へて食べます。又祠堂にも小豆粥を供へて禮拜を致します。尚は又此の小豆汁を門の板戸に塗

沉　菜　漬

るこ惡疫を祓ふこ云ふので、斯樣な事も行はれて居ります。

〔十二月〕

歳暮の進物を歳饌又は歳儀こいひまして、恩顧を受けたもの、賽師・舊知その他奴婢等に贈ります。

歳饌こして最も普通に用ゐらるゝ物は雉・鷄・鷄卵・明太魚・煙草・反物等であります。

晦日には夕刻に祠堂を拜し、又酋長親戚等に歳末の挨拶を致します、之を舊歳拜こ稱して居ります。

此の日はまた除夜・除夕こ云ひまして、各室内に火を點じ、老幼を問はず鷄鳴の頃まで眠に就かずに居ります。これは所謂守歳でありまして、若し居睡る樣なこゝがありますこ、眉が白くなるこ言ひ傳へて、居睡つた兒女なぎはよく揃はれるのであります。又除夕には一般に福笊を買ふのが例こなつて居ります。之は迎福の意から出たものであります。

〔閏月〕

閏月は俗に閑月こも云ひまして、老親の有る者は、親の爲に壽衣（死者に用ふる着物）を縫ふ風習があります。一寸妙に聞えますが、之は斯くするこゝが反つて長壽を保つこ云ふ緣起に基い

てのことであります。

民謡

アリラン　アリラン　アラリヨ

アリラン　コゲロ　ノモカンダ

ナールボリゴ　カシナンニムン

シムイド　モッカソ　パルビョン・ナンダ

（アリラン歌の一節）

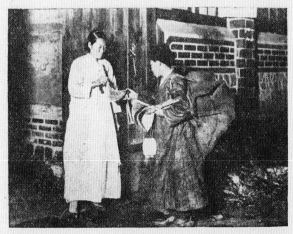

福笹買ひ

一五、補　　綴

以上は、極く大體ではありますが、朝鮮風習の如何、內地この異同點は何處……こ云ふこ
之で略明かになつたここ〜思ひます、其の內で、類似點は別に問題になりませんが、相違點は、
內地人こしては心得て置く方が何かに便宜かこ思はれますので、此處に尙多少の補綴を加へるこ
こに致しました。

◇　　　　　◇　　　　　◇

言語は交際上何よりも先に立つもの、そして最も多く使用され、また微妙な關係を有つもので
あります。こころが、此の言葉がそれぐ〜……國語を鮮語に、鮮語を國語に……飜譯する場
合に、內容——意味——のシックリ合はない語を以つてしたり、或は誤譯したり、更に適用を誤
つたりして、思はぬ悲喜劇を演ずる場合が可なり多いやうであります。

여보ごいふ語は、朝鮮人同志では、單に「もしく」「おい」こ呼びかける位の意味に解せら

れるのですが、内地人が朝鮮人に向つて「ヨボ」「ヨボさん」などゝ内地言葉で、

「ヨボ〜爺」などゝ云ふ侮蔑の意味が含れてゐるものとして、内地人から此の語で呼びかけら

れることをひどく嫌つて居ります。

何々君の君と云ふ語も、朝鮮では最低級の對下語、即ち「貴様」「おのれ」等に相當する語と

して取扱はれて居ますから、此亦大なる侮辱と感ずるのであります。

同一意味を表はすのに、内地人の解釋と違つた文字を用ゐて居るのがあります。例へば、内地

人の相談といふ語に對して朝鮮語は議論といふ語を用ゐる、騒ぐに對しては喧嘩、船より上陸を下

陸と反對語を用ゐます。其れは先づ可いとして、賃借を貰と用ゐるかしやが貰家では、内地人には

一寸解り兼ねるでせう。

◇　◇　◇

禮儀—體面を尊重するためでせう、朝鮮では敬語が著しく發達して居ります。そして對者の身

分、年齢に應じて對下語・對等語・對上語・對最上語の使ひ分けをするのであります。若し誤つ

て相當以下の敬語を用ゐる樣ものならば、今まで溫順な人がすつかり氣持を惡くして怒ることがあります。さればと云つて、餘りに相當以上の敬語を使ひましても亦嘲弄するものとして御機嫌を損ずる虞れがあります。

内地人の盛に使用する御といふ敬語は、朝鮮では昔から王者以外には用ゐないことになつて居ます。ですから内地人に對して「御」の敬語を缺いても、それは輕視してのことでありません。

老者・既婚者が尊敬せられ、幼者・未婚者が輕視される風習なのですから、電車の中などで幼少者に向つて席を讓るべく強要する長老を見ることもないではありません。

吉凶に際しての挨拶や贈答は、時と場合によつて輕重の存することは内地も同樣ですが、其の時期と性質とに餘程相違があります。例へば、出産があつても直に祝ひませんが、百日目とか、特に第一回誕生日に於ては、一族相會して盛大なる祝賀の宴を張るのであります。一般に朝鮮では誕生日を重んじまして、一家の者の誕生祝は每年缺かしませんから、時としては御祝續きの月もある譯であります。

◇　◇　◇

肌を現はすことは朝鮮の人の最も嫌忌するところで
あります。この點に無頓着な內地人は、そのため朝鮮
の人から下賤視されるのであります。朝鮮の人は單に
肌を表はさぬのみならず、室內と雖も衣冠を整へて居
ります。あの冠は帽子とは全く反對で、人前で脱ぐこ
とは非常に失禮さなつて居ります。ですから、人を訪
ねて愈々歸る段になると、例の冠の緒を整し、手袋・
襟卷までも著けてそれから『さらば……』と挨拶
に及ぶのであります。

朝鮮の室では、温突の焚口の方が上座でありますか
ら、長者には上座を讓ることを忘れませんが、日本間

誕　生　祝

や何々會場なごになりますこ、上下の席次が判らぬため、上座こも知らずに、床柱を背に端然こ
澄ましてゐる樣な滑稽が演ぜられるこさもあります。又座布團は溫突に備付の品で必ず之に座す
る習ひになつて居りますから、内地人の家を訪ねても、勸められもせぬ内にドツカこ占有して平
氣でゐますが、これは來客に對する一の優待品こ知らないからであります。

相手が長者でありますこ、目下のものから言葉をかけるのは非禮さあつて、お聲掛りのあるま
では默然こして居ります。無愛想でも忌嫌つてゐるのでもありません。つまり謹愼の意を表して
ゐるのであります。

中以下の家を訪問しますこ、門口での立話で用を辨ぜねばなりません。これは、客室が無いの
こ、内へ入れば婦人この面接を餘儀なくされるこを慮つてのこさであります。從つて雨の日に
は急用でない限り訪問を遠慮いたします。

朝鮮の人が内地人を訪問した場合玄關に入りましても、御用は？　こ問はねば默然こして何時
までも佇立して居ます。それ故、物騷な人間の樣に誤解されるこさが間々ありますが、此の佇立

は實は謙遜の徳をそのまゝ實行してゐるのであります。

また物なぎ持參して内地人を訪ねましても、偶々主人が留守でゝもありますと、其の物を婦人に手渡ししようこもせずに、持歸つて行きます。之は婦人ごの交渉を遠慮してのこごであります。

朝鮮では、内地人のやうに男女が馴れ〳〵しく會話を交へるこごをいたしません。ですから、朝鮮の人に挨拶する場合、内地式に「奧さんによろしく……」なざこいふお世辭は禁物であります。

尚ほ舉げたならば數あるこごですが、今は此位に止めて置きませう。凡て自分等のこ違つたものは一向に奇習異俗こして賤視し排斥したがるのが人情ですが、異なるのは只形の上のみのこごですから、そんな狹い皮相な考へは捨てゝしまつて、形骸の末に拘泥せず、よく精神の存するこ

ころを酌取つて、お互に溫い交際を續け、そして、改むべきは合理的に改め、漸次に心からの結合を強めたいものであります。（終）

補す。

　朝鮮の事に就いてお質問のある場合は大體左記の局課へ御照會になれば出來るだけの事は御回答いたします。

　　　記

一般的な朝鮮事情　　　　　　　　　　　　　　　文　書　課

對外移民其の他渉外事項　　　　　　　　　　　　外　事　課

地方行政及土木等に關する事項　　　　　　　　　内　務　局

財政及稅務等に關する事項　　　　　　　　　　　財　務　局

商工、鑛山、水產等に關する事項　　　　　　　　殖　産　局

農務、土地改良、水利、林政及林業等に關する事項　農　林　局

法務及行刑等に關する事項　　　　　　　　　　　法　務　局

學務及社會事業等に關する事項　　　　　　　　　學　務　局

警察關係の事項　　　　　　　　　　　　　　　　警　務　局

　尚內地に在つては左記に於て朝鮮、滿洲に關する旅行・通關・貨物の御質問並に事情講演・活動寫眞の御需めに應じます。

東京　鮮滿案內所　丸ノ内ビルディング内　電丸ノ内（自三二三一　至三二三五）

大阪　鮮滿案內所　東區堺筋安土町　電本町一一九七六

下關　鮮滿案內所　下關驛前　電一一〇〇二一

朝鮮總督府編纂

大正十四年五月二十七日印刷
大正十四年六月二十日發行
大正十五年三月二十一日再版
昭和二年三月十二日三版
昭和三年三月十二日四版
昭和四年三月十五日五版
昭和五年三月十五日六版
昭和六年五月三十日訂七版
昭和七年十月十日增訂八版
昭和八年三月十五日增訂九版

昭和九年五月三十日改訂十版
昭和十年三月十五日改訂十一版

印刷所　朝鮮印刷株式會社
京城府蓬萊町三丁目六十二番地

영인본